KB194717

# 한
# 동
# 일

공부하는 노동자. 한국 최초 동아시아 최초의 바티칸 교황청 대법원 로타 로마나 Rota Romana 변호사.
성균관대학교 법학전문대학원 교수. 동학의 성균관에서 공부하고 가르치고 쓰며, 서학의 가장 깊고 아름다운 문장을 가려뽑은 필사 노트를 낸다.

로타 로마나가 설립된 이래, 700년 역사상 930번째로 선서한 변호인이다. 로타 로마나의 변호사가 되기 위해서는 유럽의 역사만큼이나 오랜 역사를 가진 교회법을 깊이 있게 이해해야 할 뿐만 아니라, 유럽인이 아니면 구사하기 힘들다는 라틴어는 물론 기타 유럽어를 잘 구사해야 하며, 라틴어로 진행되는 사법연수원 3년 과정을 수료해야 한다. 이 모든 과정을 마쳤다고 해도 변호사 자격시험 합격 비율은 고작 5~6퍼센트에 불과하다.
2001년 로마 유학길에 올라 교황청립 라테라노 대학교에서 2003년 교회법학 석사학위를 최우등으로 수료했으며, 2004년 동대학원에서 교회법학 박사학위를 받았다. 한국과 로마를 오가며 이탈리아 법무법인에서 일했다.
서강대학교에서 라틴어 수업을 맡아 진행했고, 연세대학교 법무대학원에서 '유럽법의 기원'과 '로마법 수업'을 강의했다. 서강대학교에서 진행한 라틴어 수업은 타교생 및 외부인까지 청강하러 찾아오는 최고의 명강의로 평가받았다. 그 현장 강의를 토대로 펴낸 『라틴어 수업』은 100쇄를 돌파하며 40만 부 이상 판매되었으며, 일본에서도 출간 즉시 베스트셀러가 되었다.
그 외 지은 책으로 『한동일의 라틴어 인생 문장』 『한동일의 공부법 수업』 『한동일의 믿음 수업』 『로마법 수업』 『그가 우리에게 말하는 것』 『법으로 읽는 유럽사』 『교회의 재산법』 『카르페 라틴어 종합편』 등이 있다. 또한 『카르페 라틴어 한국어 사전』 등의 라틴어 사전을 편찬하고, 『동방 가톨릭교회』 『교부들의 성경주해 신약성경 8: 로마서』 『교회법률 용어사전』 등을 우리말로 옮겼다.

design 표지 윤종윤 * 본문 이정민

Do tibi hunc librum legendum.
Utere felix!

제가 살아가면서 수없이 써내려간
라틴어 명문장들을 모은 이 책을
당신께 드립니다.
읽고 행복하시길!

한 동 일

| 일러두기

◇ 라틴어의 악센트와 장음부호는 시대에 따라 사용 여부와 용례가 달라졌기에, 이 책에서는 일괄 생략하여 표기했다.

◇ 라틴어의 한글 발음 표기는 교회식(중세식) 발음을 우선하였으나, 쓰임에 따라 일부 고전식 발음을 따른 것들도 있다.

◇ 성서의 인용은 공동번역 성서의 번역을 따랐다.

◇ 수록된 문장 중 기도문의 제목은 저자가 기도의 내용에 맞게 제목을 가려뽑은 것이다.

Do tibi hunc librum legendum.
Utere felix!

제가 살아가면서 수없이 써 내려간
라틴어 명문장들을 모은 이 책을
당신께 드립니다.
읽고 행복하시길!

한 동 일

한동일의
라틴어 필사 노트

| 일러두기

◇ 라틴어의 악센트와 장음부호는 시대에 따라 사용 여부와 용례가 달라졌기에, 이
  책에서는 일괄 생략하여 표기했다.
◇ 라틴어의 한글 발음 표기는 교회식(중세식) 발음을 우선하였으나, 쓰임에 따라 일
  부 고전식 발음을 따른 것들도 있다.
◇ 성서의 인용은 공동번역 성서의 번역을 따랐다.
◇ 수록된 문장 중 기도문의 제목은 저자가 기도의 내용에 맞게 제목을 가려뽑은 것
  이다.

# 한동일의
# 라틴어 필사 노트

인생을 새롭게 쓰고 싶은 당신을 위한
**경이로운 문장들**

이야기장수

# 필사, 한 손으로 삶을 일으키는 공부와 기도

여러 권의 책을 쓰고, 서점과 도서관의 서가 중 꽤 다양한 분야에 책을 꽂아넣은 저자가 되고 나니, 제게 이렇게 묻는 사람들이 많아졌습니다.

"좋은 문장을 쓰려면, 나아가 나만의 독보적인 문장을 쓰려면 어떻게 해야 할까요?"

저는 나만의 '유일한' 문장을 쓰기 위해서는 역설적으로 '다양한' 타인의 문장이 필요하다고 조언합니다. 여러 문체와 문법을 내 몸에 새기는 연습, 내 호흡에 맞는 문장을 찾아가는 과정이 먼저라고요.

**글쓰기에도 삶에도 이런 헤맴의 과정은 필요합니다.**

최근 한국 독자들 사이에 문장을 필사하는 이들이 늘어나고 있다는 이야기를 듣고 대단히 놀랍고도 반가웠습니다. 저는 필사筆寫는 가장 적극적이고도 필사必死적인 공부이자 수행, 그리고 한 손을 부지런히 움직이며 올리는 간절한 기도라고 생각해왔기 때문입니다.

예로부터 종교인들은 글자를 옮겨 적는 행위, 즉 필사를 수행의 연장으로 여겼습니다. 제일 열심히 필사의 수행을 했던 사람들은 바로 수도원의 수사修士들이었지요.

평생 새길 나의 문장 하나를 갖기 위하여, 내가 퍼뜨리고 기댈 숨통 같은 문장 하나를 얻기 위하여 수사들은 끔찍할 정도로 많은 문장들을 따라 쓰고 다시 썼습니다.

그들에게 필사는 그저 필체를 가다듬는 연습의 장이거나 매일 무심히 반복하는 아침운동 같은 단순한 의미가 아니었습니다. 수도원의 수사들은 이루고 도달하고 싶은 소망이 하늘에 닿아 있는 사람들이었습니다. 그렇기에 그들의 필사는 땅 위의 삶을 다시 쓰고 고쳐 쓰고자 하는 고도의 수행이자 기도였고, 한 칸 한 칸 하늘을 향해 사다리를 놓는 일이기도 했습니다.

물론 중세의 수도자들이 그토록 필사적으로 필사했던 데에는 이러한 정신적인 목적 외에 현실적이고 경제적인 이유도 있었습니다. 당시엔 인쇄술이 발달하지 않았기에 어떻게든 필사본을 구해야 했고, 심지어 자신이 읽고 싶은 책은 직접 필사해서 소장할 수밖에 없었던 시대도 있었습니다. 하루종일 필사하다보면 몸도 쑤시고 여기저기가 다 아픕니다. 오자를 내면 안 되기 때문에 신경도 곤두섭니다. 아침에 일어나자마자 기도하고 밥 먹고 필사하는 데만 하루를 바치는 수도자도 있었습니다.

**필사는 수도자의 길이자 일이었던 것입니다.**

요즘 한국의 젊은이들이 부지런히 손을 움직여 문장을 피워내는 필사의 세계에 빠진 것에 대해 저는 매우 흐뭇하고 감사히 여깁니다.

언뜻 생각하면 필사라는 행위는 이 최첨단 시대에 상당히 뒤떨어진 구식의 공부처럼 느껴지기도 하겠지만, 저는 현대인들에게 진정 필요한 것이 바로 필사라고 생각합니다.

우리는 공부를 머리로 한다고 여기지만, 사실 공부는 손으로 하는 것입니다. 그래서 저는 지금 제가 가르치고 있는 로스쿨 학생들에게도 몇 번이고 얘기해줍니다.

"공부는 반드시 손으로 해라."

입도 눈도 뇌도 아닙니다.

'손으로 하는 공부'만이 위기 상황에서도 꺼내 쓸 수 있는 공부입니다.

인생이 걸린 큰 시험을 치를 때 걷잡을 수 없이 떨리는 경험을 다들 해보았을 것입니다. 심장은 두근거리고, 뇌는 혼란스럽습니다. 그런데 그 위기 상황에서도 손은 기억합니다. 당신이 한 공부를, 당신이 묵묵히 견딘 시간을, 당신이 유희를 참고 고통을 꾹꾹 눌러가며 쓴 어느 날의 글을. 손은 거짓말을 하지 않고 우리의 노력을 기억합니다.

세상에 떨리지 않는 시험은 없습니다. 때로 같은 시험장에 두 번 이상 들어가야 할 때도 있습니다. 시험을 한 번에 통과하지 못해 같은 시험장으로 다시 돌아가야만 하는 경우지요. 시험에서 여러 번 낙방하면 할수록, 이 시험을 위해 인생의 일부를 쏟아부은 시간과 깊이와 노력이 크면 클수록 그 긴장의 강도도 더 커질 수밖에 없습니다.

시험장에서 분명 떨리는데 제발 안 떨리게 해달라고 기도한다거나 나는 전혀 떨리지 않는다고 스스로를 세뇌시키는 일은 아무 의미가 없습니다. 저는 시험장에 들어가서 떨리면 떨리는 대로, 그대로 멈춰 5분 정도 아무것도 하지 말아보길 권합니다.

숨을 고르며 내 안의 기억 속으로 들어가보는 것이지요. 그리고 그 다음부터가 중요한데요. 머리가 기억하는 것이 아니라 내 손이 기억하는 것을 따라가보고 그대로 꺼내어 써내려가면 됩니다.

이것이 제가 로타 로마나에서 극한의 난이도를 자랑하는 시험을 통과한 방식이었습니다.

로타 로마나에서는 아침 9시부터 밤 9시까지 꼬박 시험을 보고 A4 용지로 거의 20장에 달하는 분량의 글을 하루에 써내야 합니다. 그러자면 기본적인 법률을 암기하는 것은 물론이고 문제를 일독한 뒤 비로소 나만의 답과 문장을 찾아 움직여야 합니다. 이때 이것은 철저히 손의 기억에 달린 일이 됩니다. 수없이 써서 내 손에 익은 활자, 내가 읽고 쓰고 새기고 기억했던 단어와 문장들은 그 어떤 격렬하고 엄중한 긴장 속에서도 자연스레 손끝으로 흘러나옵니다.

제가 이 디지털 첨단의 시대에 젊은이들에게 아날로그식 필사를 권하는 이유도 그래서입니다. 최첨단의 도구를 써서 누리고 살아야 하는 순간도 필요하지만, 우리 삶엔 내 손을 움직여 직접 해내는 일이 반드시 있어야만 합니다. 왜 연필로 글을 쓰고 붓을 쥐고서 그림을 그리며, 왜 우리가 여전히 아이들에게 젓가락질을 가르치겠습니까. 뇌과학자라면 그 인체의 신비와 같은 과정을 조금 더 잘 설명할 수 있을 테지만, 그것을 모르더라도 손으로 단련한 사람들은 그 유용함을 경험으로 알고 있습니다.

손을 움직여 무엇인가 만들어내고 기억하고 기록하고 먹고사는 것, 그것이 곧 우리의 인생이기 때문입니다.

필사는 비단 청년에게만 유용한 것은 아닙니다. 장년과 노년의 필사는 지금까지와는 또다른 나로 나아가게 합니다. 평생을 쉴 틈 없이 자신을 일으켜 바삐 살아온 세월을 뒤로하고 어른들은 필사를 통해 잠시 종이 위에 시간을 붙들어둘 수 있습니다. 천천히 아름답고 단단한 문장을 꾹꾹 눌러쓰는 시간을 늘리면서 고이고 안주할 수 있는 관념 너머로 나를 이끌어주는 길을 만날 수도 있습니다.

라틴어 교양서와 인문서, 사전과 문법서 등 라틴어에 대한 책을 여러 권 내왔지만 이번 책은 특히 감회가 새롭습니다. 저도 이 책의 빈 칸을 따라 손글씨로 천천히 써보았습니다. 그러면서 한 가지 바람을 가져봅니다.

저는 여러분이 이 필사 노트 속 문장을 단순히 반복해서 따라 쓰는 것을 넘어 궁극적으로는 이 문장에 관한 여러분의 생각과 자기만의 문장을 더해 새로운 책으로 탄생시켜주길 바랍니다.

이 미완의 책이 당신의 삶과 문장으로 채워져 한 권 한 권이 새롭고 유일무이한 필사본으로 다시 태어나는 순간을 기다립니다.

인생이라는 시험장에서 손이 덜덜 떨릴 때 나의 손과 삶을 굳게 붙잡아준 믿음과 희망의 문장들을 수많은 생의 긴장과 고비 앞에 설 당신에게 바칩니다.

이 오랜 지혜의 문장 앞에 당신의 떨림도 잦아들고 설렘은 시작될 것입니다.

오늘을 살고 있는 우리보다 훨씬 오래 살아 헤아릴 수 없을 만큼 많은 삶과 사랑을 품어온 신비한 언어 라틴어, 이제 저의 기도이자 가장 좋은 친구가 된 라틴어에 감사합니다.

제가 라틴어를 더욱 사랑하는 길은 오직 펜을 꺼내들어 쓰고 또 쓰는 것뿐입니다.

2025년 봄날
동학의 성균관에서
서학의 오랜 아름다움을 간직한 라틴어 문장을 써내려가며
한동일

# 1장

◇

## 온 마음을 다하여
### Ex toto corde

◇

손편지에 부치고 싶은
사랑과 감동의 문장

# Do tibi hunc librum

도　　티비　　훈크　　　리브룸

# legendum.

레젠둠.

# Utere felix!

우테레　　　펠릭스!

이 책을 당신께 드립니다.
읽고 행복하시길!

"Utere felix!" 로마인들이 책을 선물할 때 적어넣던 인사말입니다.
누군가에게 책을 선물할 때는 책 속에 이 말을 적어보세요.

# Noli metuere:
놀리        메투에레:

# una tecum bona,
우나        테쿰        보나,

# mala tolerabimus.
말라        톨레라비무스.

두려워 말아요.
좋은 일도 궂은일도
당신과 함께 견뎌낼 테니까요.

Noli metuere:
una tecum bona,
mala tolerabimus.
두려워 말아요.
좋은 일도 궂은일도
당신과 함께 견뎌낼 테니까요.

# Amor vincit omnia.
아모르　　　　빈치트　　　　옴니아.

사랑은 모든 것을 이긴다.

로마 시인 베르길리우스Vergilius의 "사랑은 모든 것을 정복하고 우리는 사랑에 굴복합니다Omnia vincit amor, et nos cedamus amori"라는 시구로부터 나온 이 오랜 사랑의 금언은 화가 카라바조의 걸작 그림 제목이자 스위스 철학자 카를 힐티의 묘비명으로 쓰였으며, 노벨물리학상을 수상한 여성 과학자 마리 퀴리와도 관련이 있습니다.

마리 퀴리는 남편과 사별한 뒤 남편의 제자인 폴에게 반했습니다. 그리하여 유부남에 아이까지 있는 폴에게 연서를 보내는데, 그 편지가 그만 폴의 아내 잔느에게 발각됩니다. 잔느는 분노하여 마리 퀴리의 연서를 프랑스 전역에 공개해버리지요. 졸지에 남의 가정을 파탄내려 한 나쁜 여자로 낙인찍힌 마리 퀴리의 집은 사람들이 던지고 간 쓰레기와 오물로 뒤덮입니다. 결국 폴은 자신의 아내에게 남았고요.

심지어 남편과 함께 이미 노벨물리학상을 받은 마리 퀴리가 훗날 남편 없이 단독으로 노벨화학상 수상자로 재차 지명되자 거센 논란 속에 노벨위원회는 수상을 거부하라는 서신을 마리 퀴리에게 보냈다고 합니다. 그러나 마리 퀴리는 노벨화학상을 그대로 받고, 세계 최초로 노벨상을 두 번 수상한 여성이 되기로 스스로 결정합니다. "과학자의 업적과 사생활은 분리되어야 하며 노벨상은 사생활이 아니라 연구 업적에 주는 상"이라는 말을 남기면서요.

훗날 폴의 손자와 마리의 손녀가 사랑에 빠졌다고 하니 이 역시 신비한 일이지요. 마리 퀴리의 위인전에는 빠져 있는 이 인상적인 이야기.

사랑은 모든 것을 이기고, 위대한 과학자 마리 퀴리 역시 모든 것을 이겨냈습니다.

Amor vincit omnia.
사랑은 모든 것을 이긴다.

# Amor in te meus major est
아모르　　　인　테　　메우스　　　마요르　　에스트

# quam ut dicere possim.
콤　　　우트　　　디체레　　　포씸.

당신을 향한 나의 사랑은 너무도 커서,
나는 감히 입에 올릴 수조차 없네.

직역으로는 '당신을 얼마나 사랑하는지 나는 차마 말할 수조차 없다'는 뜻입
니다. 한번 더 생각해보면 당신을 너무도 사랑하기에 한낱 가벼운 입술 위나
혓바닥에 얹어 그 사랑의 가치를 쉽사리 표현하고 싶지 않다는 진중한 고백
이기도 하겠지요. 립스틱처럼 금세 지워질까 입술 위에도 얹지 못하고, 행여
사탕처럼 녹을까봐 혓바닥 위에도 함부로 올릴 수 없는 깊디깊은 사랑. 오랜
인연을 삼고 싶은 이에게 선물하면 좋을 만한 문장입니다.

# Cave ne in morbum cadas.
카베 네 인 모르붐 카다스.

# Di dent tibi bonam salutem!
디 덴트 티비 보남 살루템!

아프지 않게 몸조심해요.
신이 그대의 건강을 최상의 상태로 지켜주시기를!

# Idem velle atque idem nolle,

이뎀　　　벨레　　　아트퀘　　　이뎀　　　놀레,

# ea demum firma amicitia est.

에아　　　데뭄　　　피르마　　　아미치티아　　　에스트.

같은 것을 원하고 같은 것을 싫어하는 일이야말로
확고한 우정의 증거이다.

로마 역사상 최초의 역사 저술가이면서 희대의 라틴어 문장가로 꼽히는 살
루스티우스Sallustius의 『카틸리나 전쟁Bellum Catilinae』에 나오는 문장입니
다. 살루스티우스의 문장들은 문체가 간결하면서도 강건하고, 불필요한 수
식어와 수사를 절제하여 라틴어 문장을 이해하는 중요한 고전 텍스트로 꼽
힙니다.

# Potare tecum collibitum est mihi.
포타레　　　테쿰　　　콜리비툼　　　에스트　　미기.

# Et edepol mihi tecum:
에트　　에데폴　　미기　　　테쿰:

# nam quod tibi libet,
남　　쿼드　　티비　　리베트,

# idem mihi libet, mea voluptas.
이뎀　　미기　　리베트,　　메아　　볼룹타스.

당신과 함께한 시간, 아주 즐거웠습니다.
당신 마음에 드는 것이
제가 원하는 것이고,
그게 곧 저의 기쁨이기 때문입니다.

로마의 희극 대가로 꼽히는 플라우투스Plautus의 『카시나Casina』 속 한 구절입니다.

늦은 저녁 밥자리나 술자리 이후에 행여나 말실수를 하거나 허튼 행동을 한 것은 아닐까 후회하는 사람들을 종종 봅니다. 특히 마음에 품은 사람과의 만남 이후 이런 걱정을 하는 이들이 많지요. 각각 헤어져 집에 돌아간 후, 혹은 다음날 아침 좋아하는 만큼 신경쓰고 걱정하고 있을 누군가에게 이 라틴어 대화문을 슬쩍 선물해보면 어떨까요. 마음에 걸리는 찌꺼기 하나 없이 서로의 마음에 한 걸음 더 들어가는 따뜻한 자리였음을 우아하고 따스하게 전할 수 있을 것입니다. 당신과 마시고 대화한 그 자리가 내겐 당신에게로 들어가는 또하나의 문이었다고.

Potare tecum collibitum est mihi.
Et edepol mihi tecum:
nam quod tibi libet,
idem mihi libet, mea voluptas.

당신과 함께한 시간, 아주 즐거웠습니다.
당신 마음에 드는 것이

제가 원하는 것이오,

그게 는 저의 기쁨이기 때문입니다.

# Desidero eum
데지데로        에움

# desiderium fieri.
데지데리움        피에리.

그대의 바람이 이루어지길 바라며.

Desidero eum desiderium fieri.

그대의 바람이 이루어지길 바라며.

# Cum ames non sapias aut cum
쿰 아메스 논 사피아스 아우트 쿰

# sapias non ames.
사피아스 논 아메스.

사랑에 빠지면 정신을 차릴 수 없을 테고,
정신을 차리고 나면 사랑을 못 할 테고……

기원전 1세기경 활동한 로마의 시인이자 철학자 푸빌리우스 시루스Publilius Syrus의 명언입니다.

푸빌리우스 시루스는 노예 출신이었지만 후에 자유를 얻고, 로마 사회에서 작가이자 철학자로 명성을 날렸습니다. 그는 짧고 강렬한 격언을 많이 남겼는데, 로마 상류층에서도 그의 촌철살인은 큰 인기를 끌었습니다. 사랑하면 정신을 못 차리고, 정신을 차리면 사랑을 못 하고……

이 희대의 고민 앞에 선 당신의 선택은?

# Amor et tussis non celantur.

아모르     에트     투씨스     논     첼란투르.

사랑과 기침은 숨길 수 없다.

고대 로마 시인 오비디우스의 시집 『사랑의 기술Ars Amatoria』에 등장해 현재까지 회자되는 명문장입니다. 기원전 2년에 발표된 오비디우스의 이 책은 사랑의 기술과 예술에 관한 가이드북으로 어떻게 연애와 사랑을 성공적으로 끌고 갈 수 있을지에 대해 유머러스하고도 실용적으로 설명합니다. 그러나 오비디우스는 이 책이 도덕적이지 않다는 이유로 로마 황제 아우구스투스로부터 추방 명령을 당합니다. 허나 작가는 추방할 수 있어도 이미 발표된 작품을 영원히 추방할 순 없는 법. 오비디우스의 『사랑의 기술』은 현재까지도 사랑과 연애에 대한 중요한 고전으로 읽히며, 그 구절 하나하나가 현대에도 회자되고 있습니다.

Amor et tussis non celantur.
사랑과 기침은 숨길 수 없다.

# Non est ambitiosa,
논　　에스트　　암비티오사,

# non quaerit quae sua sunt,
논　　콰에리트　　쾌　　수아　　순트,

# non inritatur,
논　　인리타투르,

# non cogitat malum.
논　　코지타트　　말룸.

사랑은 무례하지 않습니다.
사랑은 사욕을 품지 않습니다.
사랑은 성을 내지 않습니다.
사랑은 앙심을 품지 않습니다.

† I고린도 13장 5절

# Amantium irae
아만티움          이래

# amoris integratio est.
아모리스       인테그라티오       에스트.

연인들의 다툼은 사랑의 갱신이다.

로마 초기의 희극작가 테렌티우스의 말입니다. 테렌티우스는 카르타고의 노예 출신으로 작가가 된 이래 인생을 통찰하는 명문장들을 남겼습니다. "지혜로운 자에게는 한마디면 족하다" "나는 인간이다. 인간에 관한 일이라면, 무엇이든 남의 일로는 여기지 않는다" "마음 내키는 대로 말하는 사람은 내키지 않는 소리를 듣게 되리라" 등등 지금까지도 인구에 회자되는 수많은 명언과 명문장의 시초가 바로 테렌티우스입니다.

Amantium irae amoris integratio est.

연인들의 다툼은 사랑의 갱신이다.

# Dilige, et fac quod vis.
딜리제, 에트 파크 쿼드 비스.

사랑하라, 그리고 네가 하고 싶은 것을 하라.

성 아우구스티누스Sanctus Augustinus의 『요한 서간 강해In Epistolam Ioannis ad Parthos Tractatus』의 한 문장입니다. 아우구스티누스는 '하느님을 사랑하는 자는 악한 일에 빠지지 않을 것이므로, 사랑하는 이는 필연적으로 선한 방향으로 갈 것이고 자신의 갈 길을 의심하지 않아도 된다'는 뜻으로 이 말을 했습니다. 즉, 진정한 사랑 가운데 하는 일은 결국 옳은 행동이므로 사랑 속에 있다면 원하는 대로 움직여도 된다는 의미입니다.

Dilige, et fac quod vis.

사랑하라, 그리고 네가 하고 싶은 것을 하라.

# Amicitia nostrae vires.

아미치티아　　　　　노스트래　　　　비레스.

우정은 우리의 힘이다.

Amicitia nostrae vires.

우정은 우리의 힘이다.

# Pax vobiscum.
팍스 　　　　　 보비스쿰.

## 평화가 너희와 함께하기를.

담담히 안녕의 인사를 건네는 듯한 이 라틴어 문장은 실은 성경에 나오는 예수님의 인사입니다. 예수님께서 부활하신 후 제자들에게 건넨 인사말이지요. 요한복음에 이런 장면이 나옵니다.

"예수께서 들어오셔서 그들 한가운데 서시며 '너희에게 평화가 있기를!' 하고 인사하셨다.Venit Iesus, et stetit in medio, et dixit eis: Pax vobis."(요한복음 20장 19절)

이어서 예수님은 또 한번 이 인사를 반복하시지요.

"예수께서 다시 '너희에게 평화가 있기를! 내 아버지께서 나를 보내주신 것처럼 나도 너희를 보낸다' 하고 말씀하셨다.Dixit ergo eis iterum: Pax vobis. Sicut misit me Pater, et ego mitto vos."(요한복음 20장 21절)

"Pax vobiscum", 부활의 기쁨과 평안을 상징하는 이 예수님의 인사는 미사나 기도 중에 사제나 신부님들이 축복을 줄 때 쓰는 말이기도 합니다. 이에 대한 응답의 말은 이러합니다.

"그리고 또한 당신의 영과 함께.Et cum spiritu tuo."

Pax robiscum.

평화가 너희와 함께 하기를.

# Incipe diligere, perficieris.
인치페       딜리제레,              페르피치에리스.

# Coepisti diligere?
쳅피스티        딜리제레?

사랑을 시작하십시오, 온전해질 것입니다.
그대, 사랑하기 시작했습니까?

✝ 아우구스티누스, 『요한 서간 강해』

Incipe diligere, perficieris.
Coepisti diligere?

사랑을 시작하십시오, 온전해질 것입니다.
그럼, 사랑하기 시작했습니까?

# Si vis amari, ama!
시    비스    아마리,    아마!

사랑받고 싶거든 사랑하라!

세네카Seneca의 말입니다. 세네카는 고대 로마의 철학자, 정치인, 작가이자
네로 황제의 스승이기도 했습니다. 그는 제자인 폭군 네로로부터 자결하라는
명령을 받고 숨을 거두었습니다.

Si vis amari, ama!
사랑받고 싶거든 사랑하라!

# Si tantum amatur,
시 　　　 탄툼 　　　　 아마투르,

# quantum amari digna est.
콘툼 　　　　 아마리 　　　 디냐 　　　 에스트.

그만큼 사랑할 가치가 있는 것이라야
그토록 사랑하게 됩니다.

성 아우구스티누스의 『신국론De Civitate Dei』 중에서 사랑의 본질과 영원성
을 다룬 대목에 나오는 문장입니다.

Si tantum amatur,
quantum amari digna est.
그만큼 사랑할 가치가 있는 것이라야
그토록 사랑하게 됩니다.

# Dilectio sine simulatione.
딜렉티오　　시네　　시물라티오네.

# Odientes malum,
오디엔테스　　말룸,

# adhaerentes bono.
아드해렌테스　　보노.

사랑은 거짓이 없어야 합니다.
악을 미워하고,
꾸준히 선한 일을 하십시오.

✝ 로마서 12장 9절

# Cras amet qui
크라스      아메트      퀴

# numquam amavit,
눔쾀      아마비트,

# et qui amavit cras amet.
에트   퀴     아마비트     크라스     아메트.

연애를 한 번도 해본 적이 없는 사람도
내일은 연애를 하시라!
연애를 해본 사람도 내일은 연애를 하시라!

물론 꼭 이성과의 연애일 필요는 없겠지요. 당신의 충분하고 충만한 사랑을
받을 대상을 골라 연애하고 그 삶을 사랑하십시오.

# Magna est dignitas animarum,
마냐　　에스트　　디니타스　　　　아니마룸,

# ut unaquaeque habeat,
우트　　우나콰에퀘　　하베아트,

# ab ortu nativitatis,
압　오르투　　나티비타티스,

# in custodiam sui angelum
인　　쿠스토디암　　수이　　안젤룸

# delegatum.
델레가툼.

영혼의 존엄성은 위대하여,
각자 출생의 시작부터
자신을 지키는 수호천사를 배정받는다.

✝ 토마스 아퀴나스, 『신학대전Summa Theologiae』

# Cura, ut valeas!

쿠라,　　　우트　　　발레아스!

부디 잘 있으시오!

Cura, ut valeas!

부디 잘 있으시오!

## Oratio lucis et amoris
오라티오 루치스 에트 아모리스

### Accende lumen sensibus,
악첸데    루멘    센시부스,

### infunde amorem cordibus:
인푼데    아모렘    코르디부스:

### infirma nostri corporis virtute firmans perpeti.
인피르마  노스트리 코르포리스 비르투테  피르만스  페르페티.

### 빛과 사랑의 기도

우리의 감각에 빛을 밝혀주시고,

마음에 사랑을 채워주소서.

우리 육신의 연약함을 영원한 힘으로 굳세게 하소서.

9세기 독일의 수도사이자 대주교인 라바누스 마우루스Rabanus Maurus
가 작성한 것으로 알려진 〈오소서, 창조주 성령이시여Veni, Creator Spiri-
tus〉라는 성령 찬가의 일부입니다

# 2장

── ✧ ──

# 섭리와 숙명, 그리고
# 우리 안에 있는 것에 대하여
## De providentia et fato
## et eo quod in nobis

── ✧ ──

지적인 영혼을 위한
지혜로운 문장

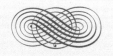

# Haec quippe prima
핵 퀴페 프리마

# sapientiae clavis definitur
사피엔티애 클라비스 데피니투르

# assidua scilicet seu
아씨두아 쉴리체트 세우

# frequens interrogatio.
프레퀜스 인터로가티오.

바로 이것,
즉 끈질기고 철저한 질문이야말로
지혜의 첫 열쇠이다.

# Sapiens dominabitur astris.
사피엔스 도미나비투르 아스트리스.

지혜로운 자가 별들을 지배할 것이다.

Sapiens dominabitur astris.

지혜로운 자가 별들을 지배할 것이다.

# Dum vivimus, vivamus.

둠 　　　　　비비무스, 　　　　　비바무스.

## 우리가 살아 있는 동안은 살아가자.

한국어에 '사는 것처럼 산다'는 말이 있지요. 오랫동안 힘들게 살아오거나 견
딘 이에게 축원할 때 '이제 사는 것처럼 살아보라'는 말을 하곤 합니다. 살아
있지만 죽어 있는 사람이 있습니다. 반면 죽어서도 세상에 무언가를 남겨 계
속 살아가는 이도 있지요. 죽음 이후의 세상은 장담할 수 없더라도, 우리 부
디 살아 있는 동안은 살아갑시다.

저도 한때는 어떤 유언장을 쓸까 생각할 정도로 깊은 우울감에 빠진 적이 있
답니다. 그러나 이제는 유언장 대신 삶에 대한 연애편지를 쓰고자 합니다. 여
러분도 필사를 하면서 각자의 삶에 대한 연애편지를 생각해보시면 어떨까요?

Dum vivimus, vivamus.
우리가 살아 있는 동안은 살아가자.

# Carpe diem,
카르페　디엠,

# quam minimum credula postero.
쾀　미니뭄　크레둘라　포스테로.

# Dum loquimur fugerit invida aetas.
둠　로퀴무르　푸제리트　인비다　애타스.

지금 이 순간을 살라,
내일 무슨 일이 일어날지 모르니.
우리가 인생을 논하는 사이에 샘 많은 세월은
흘러가버렸으리라.

고대 로마의 시인 호라티우스Horatius의 시집 『오데스Odes』의 한 구절입니
다. 직역하면 "오늘을 즐겨라, 내일은 가능한 한 적게 믿으라"는 뜻입니다.

# Audentes fortuna iuvat.
아우덴테스 포르투나 유바트.

운명은 대담한 자들을 돕는다.

베르길리우스의 『아이네이스 Aeneis』에 나오는 한 구절입니다. 트로이의 영웅
아이네아스가 전투에서 용기와 대담함의 중요성을 강조하며 한 말입니다.

Audentes fortuna invat.

운명은 대담한 자들을 돕는다.

# Audendo magnus
아우덴도 　　　　　 마뉴스

# tegitur timor.
테지투르 　　　　 티모르.

결연히 나섬으로써 크나큰 두려움이 숨겨진다.

로마 내전을 다룬 루카누스Lucanus의 『파르티아 전쟁Pharsalia』에 나오는 문
장입니다. 결단과 실천만이 두려움을 극복하리라는 이 진리는 비단 실제 전
투 상황에서만 적용되는 얘기는 아니겠지요. 삶에서도 결연한 기세와 용기로
상황을 돌파하는 것만이 두려움을 이겨냅니다.

Audendo magnus tegitur timor.

결연히 나섬으로써 크나큰 두려움이 숨겨진다.

# Ne difficilia optemus,
네 　　　디피칠리아 　　　　옵테무스,

# neve inania sequamur.
네베 　　　이나니아 　　　　세콰무르.

우리는 어려운 것을 원하지 말고
헛된 것을 따라가지도 말자.

Ne difficilia optemus,
neve inaria sequamur.
우리는 어려운 것을 원하지 않고
헛된 것을 따라가지도 말자.

# Quid faciet ut
퀴드　　파치에트　우트

# pulcher sit?
풀케르　　　시트?

# Exspectat ut veniat
엑스펙타트　　우트　　베니아트

# pulchritudo?
풀크리투도?

아름다워지려면 무엇을 해야겠습니까?
아름다움이 오도록 마냥 기다려야 하겠습니까?

✝ 성 아우구스티누스, 『요한 서간 강해』

# Vita in partes tres dividitur: quod
비타　　인　　파르테스　　트레스　　디비디투르:　　쿼드

# fuit, quod est, quod futurum est.
푸이트,　　쿼드　　에스트,　　쿼드　　푸투룸　　에스트.

# Ex his quod agimus breve est,
엑스　　히스　　쿼드　　아지무스　　브레베　　에스트,

# quod acturi sumus incertum,
쿼드　　악투리　　수무스　　인체르툼,

# quod egimus certum.
쿼드　　에지무스　　체르툼.

인생은 세 시기로 나뉜다.
하고 있었던 시기, 하고 있는 시기, 하려는 시기,
이 가운데 우리가 하고 있는 일은 짧고,
우리가 하려는 일은 의심스럽고,
우리가 이미 한 일은 확실한 것이다.

† 세네카, 『인생의 짧음에 대하여De Brevitate Vitae』

# Humilis nec alte cadere,
후밀리스  네크  알테  카데레,

# nec graviter potest.
네크  그라비테르  포테스트.

겸손한 사람은 깊이 추락하지도,
심히 다치지도 않는다.

푸블리우스 시루스의 『격언집Sententiae』에 나오는 문장입니다. 『격언집』은 고대 로마의 격언을 모아놓은 책입니다. 이 문장은 겸손한 사람은 이미 낮은 곳에 단단히 뿌리내리고 있기 때문에 크게 추락할 위험이 없다는 뜻으로 해석할 수 있습니다.

Humilis nec alte cadere,
nec graviter potest.
겸손한 사람은 깊이 추락하지도,
심히 다치지도 않는다.

## Sed tantum dic verbo
세드　　탄툼　　디크　베르보

### Domine, non sum dignus,
도미네,　　논　숨　　디뉴스,

### ut intres sub tectum meum sed tantum dic verbo:
우트인트레스 수브　텍툼　　메움 세드　탄툼　　디크 베르보:

### et sanabitur anima mea.
에트 사나비투르　아니마　메아.

## 한 말씀만 하소서

주님, 주님을 제 지붕 아래로 모시기에 저는 합당치 않사오나,

한 말씀만 하소서.

제 영혼이 나으리이다.

이 라틴어 기도문은 마태복음 8장 8절에서 한 백인대장이 예수님께 올린
말씀입니다. 백인대장은 자신의 집에 차마 예수님을 모실 수 없다고 느껴,
예수님께서 그저 한 말씀만 하셔도 중풍에 걸린 그의 종을 치유하실 수 있
으리라 믿었습니다. 이 기도문은 가톨릭 미사에서 영성체 전에 신자들이
겸손하게 자신의 부족함을 인정하며 은총을 청하는 기도로 사용됩니다.

# Laborare est orare.
라보라레　　　에스트　　　오라레.

일하는 것이 곧 기도하는 것이다.

이 문장은 성 베네딕토의 『성 베네딕토 규칙서Regula Sancti Benedicti』의 한 구절입니다. 성 베네딕토는 6세기 서방교회 수도회의 기반을 닦은 인물로, 가톨릭의 대표적인 수도회인 '베네딕도 수도회'를 설립했습니다. 그의 수도 규칙에서 중요한 가르침은 바로 기도와 노동의 결합이었습니다. 성 베네딕토는 수도자들이 기도와 일을 함께 해야 한다고 가르쳤습니다. 그는 일하는 것도 하나의 기도라고 여겼습니다. 기도하듯 일하는 성스러운 사람은 자신의 일로써 주변 사람들을 구하고 끝내 자신의 삶도 구해냅니다.

Laborare est orare.
일하는 것이 는 기도하는 것이다.

# Et miratur alia,
에트 미라투르 알리아,

# cum sit ipse mirator
쿰 시트 입세 미라토르

# magnum miraculum.
마늄 미라쿨룸.

다른 것들을 두고 경이로워하는데,
사실 경이로워하는 당신이야말로 위대한 기적이다.

# Non coerceri a maximo,
논　　　체르체리　　아　　　막시모,

# contineri tamen a minimo,
콘티네리　　　　타멘　　아　　　미니모,

# divinum est.
디비눔　　　에스트.

가장 거대한 힘에 짓눌리지 않으며,
가장 작은 것에는 담기는 것—
이것이 바로 신적인 것이다.

세네카가 루킬리우스라는 친구에게 보낸 124통의 편지 모음집인 『루킬리우
스에게 보내는 도덕 서한Epistulae Morales ad Lucilium』에 나오는 문장입니다.
루킬리우스는 로마제국의 고위 공직자였습니다. 세네카는 루킬리우스에게 삶
과 윤리, 죽음과 감정 등을 주제로 조언하였고, 최고의 철학적 동료이자 벗이
었던 루킬리우스는 그가 받은 가르침을 바탕으로 더 나은 삶을 추구하고 공
직에 임하려 했습니다. 100통이 넘는 편지와 메시지를 보내며 삶과 철학을 공
유하는 평생의 친구, 당신에게도 있나요?

# Proximus sum egomet mihi!

프록시무스 　　　숨　　　에고메트　　　미기!

나에게 가장 가까운 사람은 (그래도) 나뿐!

Proximus sum egomet mihi.

나에게 가장 가까운 사람은 (그래도) 나쁜!

# Non turbetur cor
논 투르베투르 코르

# vestrum neque formidet.
베스트룸 네퀘 포르미데트.

걱정하거나 두려워하지 말라.

요한복음 14장 27절 말씀으로, "너희 마음이 산란해지는 일도, 겁을 내는 일
도 없도록 하여라"라고 번역되기도 합니다.

·필사의 기도·

## Oratio ad renovationem
오라티오 아드    레노바티오넴

Cor mundum crea im ne, Deus.
코르    문둠    크레아 임 네, 데우스.

쉐신을 위한 기도

하느님,

깨끗한 마음을 내 안에 만들어주소서.

# Inceptum nullum frustra erat.

인쳅툼 눌룸 프루스트라 에라트.

시작한 일은 하나도 헛되지 않았다.

Inceptum nullum frustra erat.

시작한 일은 하나도 헛되지 않았다.

# Haec est vita nostra,
핵　　에스트　　비타　　노스트라,

# ut desiderando exerceamur.
우트　　데시데란도　　엑세르체아무르.

열망하면서 단련되는 것,
이것이 바로 우리의 삶이다.

Haec est vita nostra,
ut desiderando exerceamur.

열망하면서 단련되는 것,
이것이 바로 우리의 삶이다.

# Primam esse historiae legem ne
프리맘　　　에쎄　　　히스토리애　　레젬　　　네

# quid falsi dicere audeat deinde ne
퀴드　　　팔시　　　디체레　　아우데아트　　데인데　　　네

# quid veri non audeat.
퀴드　　　베리　　　논　　　아우데아트.

역사의 첫째 규칙은
거짓은 어떤 것이든 감히 말하지 않는 것이요
또 한참 지난 일이라면
감히 말하지 않으면 안 된다는 것이다.

교황 레오 13세는 1883년 발표한 〈역사 연구에 관한 회칙Saepenumero Con-
siderantes〉에서 역사 연구자들을 향해 진실을 기록하고 거짓을 두려워하는
일에 대해 썼습니다. 역사를 기록할 때 개인의 편향이나 감정이 개입되지 않도
록 주의하라고 당부했지요. 역사 연구와 기록에서의 진실성과 공정성을 강조
하는 교황의 가르침은 100년이 훌쩍 지난 지금도 여전히 유효합니다. 이것이
있었기에 과거의 오류에 대해 속죄하는 발표문을 낼 수 있었던 것입니다.

# Nolite plures magistri fieri.

놀리테       플루레스       마지스트리       피에리.

여러분은 저마다 선생이 되려고 하지 마십시오.

야고보서 3장 1절의 말씀입니다. 이 구절에서는 "가르치는 사람들은 더 엄한 심판을 받게" 되기 때문이라는 문장이 이어집니다. 우리는 모두가 서로의 선생이 될 수도 있지만, 또한 모두가 굳이 선생이 될 필요는 없겠지요. 선생이 되려는 자는 너무 많고 타인을 받들어 기꺼이 학생이 되려는 자는 적습니다.

Nolite plures magistri fieri.

여러분은 저마다 선생이 되려고

하지 마십시오.

# Festina lente.

페스티나 렌테.

천천히 서둘러라.

로마의 초대 황제 아우구스투스는 거의 집착에 가까울 만큼 자나깨나 이 문장을 설파했다고 합니다. 아우구스투스 전기를 쓴 수에토니우스Suetonius의 생생한 증언입니다.

"장군(혹은 지도자)이 절대 빠지지 말아야 할 악덕 두 가지가 있다. 성급함과 무분별함이 그것이다. 아우구스투스는 큰소리로 '천천히 서둘러라, 무모할 정도로 용맹한 장군보다 침착한 장군이 더 낫다'고 외치곤 했다고 한다."

한편 '천천히 서두르라'를 아예 사훈으로 내건 출판사가 있었습니다. 1483년 베니스에 세워진 알두스 출판사인데요. 알두스 출판사를 세운 알두스 마누티우스Aldus Manutius는 당시 획기적인 활판인쇄술을 개발해놓고도 성서를 인쇄하다가 오자를 잡지 못해 잘못된 판본을 대거 생성하며 맹비난을 받았던 구텐베르크의 사례를 타산지석 삼아 완전히 새로운 출판시스템을 구축합니다. 그냥 인쇄 복사본이 아니라 오자가 없는 정확한 판본을 만드는 데 집중한 것이죠. 알두스는 대량 인쇄를 하기 전 편집과 교정의 전문가를 고용해 철저한 교정교열과 편집 이후에 인쇄에 들어가게 합니다. 수백 년 전 매우 선구적인 편집부 체계를 갖춘 것이지요. 결과적으로 '천천히 서두른' 알두스의 출판사업은 대성공을 거둡니다. 그리고 알두스는 세계를 편집한 최초의 출판인이라는 평가를 받죠.

이 책도 '천천히 서두르며' 편집자와 함께 만들었습니다. 당신도 천천히 한 글자 한 글자 필사하며, 그러나 책장 넘어가는 속도가 너무 더디지 않을 만큼만 서두르며 이 책을 읽어주신다면 좋겠습니다.

Festina lente.

천천히 서둘러라.

# Ars est celare artem.

아르스　　에스트　　첼라레　　아르템.

참된 예술은 예술을 뒤로 숨기는 것이다.

호라티우스의 『시의 예술Ars Poetica』에 등장하는 문장입니다. 호라티우스는 예술이 너무나 예술적이면 오히려 부자연스럽다면서, 예술은 자연스럽고 은근한 아름다움 속에 있다고 주장하며, 기술이나 기교가 너무 두드러지는 것은 좋지 않다고 말합니다. 즉, 시인이나 창작자의 뛰어난 기교는 독자나 관객이 쉽사리 알아차리지 못하게 숨어 있어야 한다는 것이지요. 시가 지나치게 시적이면 오히려 시가 아닌 것처럼 느껴지듯 예술은 현실적이고 구체적인 삶에 발붙이고 있을 때 더욱 아름다운 듯합니다.

재미있게도 미국 CIA 특수활동센터의 챌린지 코인에도 이 라틴어 문장이 적혀 있다고 하길래 혼자 웃었습니다. '예술적으로' 숨어서 활동하는 요원들의 모습이 그려지지 않습니까.

Ars est celare artem.
참된 예술은 예술을 뒤로 숨기는 것이다.

# Grande profundum est
그란데　　　　　　　　프로푼둠　　　　　에스트

# ipse homo.
입세　　　　　호모.

인간이란 실로 그윽한 심연이다.

성 아우구스티누스의 자서전 『고백록 Confessiones』의 한 구절입니다. 아우구스티누스는 인간의 내면이 얼마나 깊고 복잡한가를 '심연'에 비유해 이야기합니다. 심지어 신은 인간의 머리칼 한 올까지 낱낱이 세고 있지만, 인간의 감정과 마음의 움직임은 그보다 더 헤아리기 어렵다고 말합니다.

Grande profundum est ipse homo.

인간이란 실로 그윽한 심연이다.

# Nolite ergo esse solliciti in crastinum:
놀리테　에르고　에쎄　솔리치티　인　크라스티눔:

# crastinus enim dies sollicitus
크라스티누스　에님　디에스　솔리치투스

# erit sibi ipse.
에리트　시비　입세.

# Sufficit diei malitia sua.
수피치트　디에이　말리티아　수아.

그러므로 내일 일은 걱정하지 마라.
내일 걱정은 내일에 맡겨라.
하루의 괴로움은 그날에 겪는 것만으로도 족하다.

✝ 마태오 6장 34절

▼▼▼▼▼▼▼▼▼▼▼▼▼▼▼▼▼▼▼▼▼▼▼▼▼▼▼

**Oratio ad veritatem quaerendam**
오라티오 아드　베리타템　콰에렌담

▲▲▲▲▲▲▲▲▲▲▲▲▲▲▲▲▲▲▲▲▲▲▲▲▲▲▲

Miserere nostri, Domine,
미세레레　노스트리,　도미네,

miserere nostri et effunde super
미세레레　노스트리 에트　에푼데　수페르

nos miserationum tuarum imbres
노스　미세라티오눔　투아룸　임브레스

et irriga nostram terram nimis arentem
에트 이리가　노스트람　테람　니미스　아렌템

et sitientem tuis salutaribus aquis.
에트　시티엔템　투이스 살루타리부스　아퀴스.

## 진리를 구하는 기도

주님, 저희를 불쌍히 여기소서.
바싹 말라버린 저희 땅에
당신 자비의 소나기를 퍼부어주소서.
진리에 목말라 목이 타고 있는 저희에게
당신 구원의 물을 실컷 마시게 해주소서.

조선 후기 가톨릭 사제이자 한국 천주교 역사상 두번째 신부인 최양업 신부님의 라틴어 서한 중 여덟번째 서한에 있는 기도문입니다. 김대건 신부님과 함께 신학생으로 마카오에서 유학했던 최양업 신부님은 라틴어 실력이 뛰어났습니다. 조선 조정의 박해를 받으면서도 헌신적으로 사목 활동을 하고, 바다 너머 사제들에게 라틴어로 서한을 보낸 기록이 지금까지도 남아, 성스럽고도 아름다운 문장에 고개 숙이게 됩니다.

Oratio ad veritatem quaerendam

Miserere nostri, Domine,
miserere nostri et effunde super

nos miserationum tuarum imbres

et irriga nostram terram nimis
arentem et sitientem tuis salutaribus
aquis.

진리를 구하는 기도

주님, 저희를 불쌍히 여기소서.

바싹 말라 버린 저희 땅에

당신 자비의 소나기를 퍼부어주소서.

진리에 목말라 목이 타고 있는 저희에게

당신 구원의 물을 실컷 마시게 해주소서.

# 3장

✧

## 우리의 온 생활을
## 열심히 개선하는 것에 대하여
### De ferventi emendatione
### totius vitae

✧

나를 각성시키는
깨우침의 문장

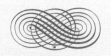

# Surge qui dormis
수르제     퀴     도르미스

# et exsurge a mortuis.
에트     엑수르제     아     모르투이스.

잠에서 깨어나라.
죽음에서 일어나라.

✝ 에페소 5장 14절

# Quid quaeris quietem,
퀴드 콰에리스 퀴에템,

# cum natus sis ad laborem?
쿰 나투스 시스 아드 라보렘?

너는 일하러 왔건만 왜 편히 쉬려 드느냐?

전 세계에서 성서 다음으로 많이 읽히는 천주교서인 『준주성범』의 문장입니다. 『준주성범』은 예수 그리스도를 본받고자 하는 믿음과 생활에 관해 15세기 라틴어로 저술된 책입니다. (그래서 한국에서는 '그리스도를 본받아'라는 제목으로도 불립니다.) 토마스 아 켐피스의 저서로 알려져 있으나 일각에서는 다른 수도자의 집필로 보는 관점도 있습니다. 저자는 이 책을 익명으로 썼습니다.

**Brevi hoc corpus vermium erit**
브레비　　호크　　코르푸스　　베르미움　　에리트

**nutrimentum:**
누트리멘툼:

**Ut quid igitur parcere illi:**
우트　　퀴드　　이지투르　　파르체레　　일리:

**dum vivit,**
둠　　비비트,

**oportet illud exercere ad satietatem.**
오포르테트　　일루드　　엑세르체레　　아드　　사티에타템.

시간은 짧습니다.
아직 시간이 있을 때 움직여야 합니다.
이 육체는 머지않아 구더기의 양식이 될 것입니다.
이런 육신을 아껴서 무슨 소용이 있겠습니까?
살아 있는 동안 힘껏 일해야 합니다.

최양업 신부님의 일곱번째 서한에 나오는 글입니다. 최양업 신부님은 당시 조선에서 세례를 받은 '바르바라'라는 여성이 가족과 이웃의 반대를 무릅쓰고 어떻게 자신의 믿음을 지켜가는가에 대한 이야기를 들려주십니다. 바르바라의 어머니는 딸이 매사 지나치게 열정적으로 모든 일을 하려 드는 것을 염려하여 과로로 나가떨어지지 않도록 딸을 막아서는데요. 이에 바르바라가 살아 있는 동안엔 움직이겠다고 반박하는 말입니다.

Brevi hoc corpus vermium erit
nutrimentum:
ut quid igitur parcere illi:
dum vivit,
oportet illud exercere ad satietatem.

시간도 짧습니다.
아직 시간이 있을 때 움직여야 합니다.

이 육체는 머지않아 구더기의 양식이 될 것입니다.

이런 육신을 아껴서 무슨 소용이 있겠습니까?
살아 있는 동안 힘껏 일해야 합니다.

# Faber est suae
파베르　　　에스트　　　수애

# quisque fortunae.
퀴스퀘　　　　　　포르투내.

각자가 자기 운명의 목수이다.

고대 로마의 정치인 클라우디우스Claudius의 말입니다. 사람은 자신의 운명을 스스로 만든다는 뜻입니다.

Faber est suae quisque fortunae.

각자가 자기 운명의 복수이다.

# Esto quod es.
에스토　　　쿼드　　　에스.

네가 되어야 할 모습이 되어라.

이 문장은 "가장 자기다운 사람이 되어라" "있는 그대로의 나 자신이 되어라"
라는 말로도 해석합니다. 요즘 예능에서 "그래서 나다운 게 뭔데?"라고 대꾸
하며 웃음거리로 삼기도 하지만, 결국 우리는 각자의 '나다움'을 찾아가며 인
생을 완성하는 것이겠지요.

Esto quod es.

네가 되어야 할 모습이 되어라.

# Cuiusvis hominis est errare:
쿠유스비스　　　호미니스　　에스트　　에라레:

# nullius nisi insipientis in errore
눌리우스　　　니시　　인시피엔티스　　인　　에로레

# perseverare.
페르세베라레.

잘못은 누구나 저지른다.
다만 잘못 가운데 버티고 있는 짓은
어리석은 자가 아니면 아무도 하지 않는다.

키케로의 연설모음집 『필리피카Philippicae』에 나오는 문장입니다. 키케로는
당시 로마공화정의 정치가 안토니우스를 독재자로 규정하고 맹렬하게 비판하
는 연설문들을 발표했습니다. 이 연설모음집에 실린 문장 가운데서도 '잘못'
을 뻔뻔하게 뭉개고 앉아 있는 자에 관한 촌철살인이 지금까지 회자되고 있
습니다.

# Cave ne nomen tuum
카베 　 네 　 노멘 　 투움

# falsa gloria ornetur.
팔사 　 글로리아 　 오르네투르.

네 이름에 헛된 영광이
따라붙지 않도록 조심하라.

Cave ne nomen tuum
falsa gloria ornetur.
네 이름이 헛된 영광이
따라붙지 않도록 조심하라.

# Quam malus est,
콤　　　　말루스　　　에스트,

# qui suam culpam alteri facit.
퀴　　수암　　　쿨팜　　　알테리　　파치트.

제 잘못을 남 탓으로 돌리는 짓은 얼마나 나쁜가.

# Nullum magnum ingenium sine
눌룸　　　　마늄　　　　인제니움　　　시네

# mixtura dementiae fuit.
믹스투라　　　　데멘티애　　　　푸이트.

위대한 재능에는
미친 기질이 섞여 있지 않으면 안 된다.

세네카의 『마음의 평정에 대하여De Tranquillitate Animi』에 나오는 문장입니다. 세네카는 아리스토텔레스의 말임을 전제하고 창의성과 비범함에는 약간의 광기가 필요하다는 뜻으로 이 문장을 소개했습니다. 아리스토텔레스는 『문제들Problemata』에서 "모든 위대한 철학자, 시인, 예술가는 일정 부분 광기를 가지고 있다"고 했지요.

Nullum magnum ingenium sine
mixtura dementiae fuit.
위대한 재능에는 미친 기질이
섞여 있지 않으면 안 된다.

# Non est ad astra mollis
논　　에스트　　아드　　아스트라　　　몰리스

# e terris via.
에　　테리스　　　비아.

지구에서 별까지 쉽게 이르는 길은 없다.

세네카의 비극 『광기의 헤라클레스Hercules Furens』에 나오는 문장입니다. 위대하고 간절한 꿈일수록 쉽게 이루기는 어렵다는 뜻입니다. 생각해보면 그 시대에는 쉽게 이르는 길이 없을 뿐만 아니라, 지구에서 우주의 별에 닿는 길은 '아예' 없다고 보는 것이 맞았을 텐데요. 그럼에도 불구하고 세네카는 가능성이 없다고 무질러버리지는 않습니다. 그저 그 길이 보드랍고mollis 평탄한 길은 아닐 것이라고 얘기하죠. 길이 아예 없는 것은 아닙니다. 거칠고 울퉁불퉁한 역경의 길일지라도 별에 이르는 길은 있습니다.

Non est ad astra mollis
e terris via.
자아에서 별까지 쉽게 이르는 길은 없다.

# Nolite vanas causas adducere.
놀리테       바나스       카우사스        아둑체레.

쓸데없는 평계들을 대지 마시오.

Nolite vanas causas adducere.

쓸데없는 핑계들은 대지 마시오.

# Ne mentiaris.
네 멘티아리스.

# Ne mentitus sis.
네 멘티투스 시스.

거짓말을 하지 마라.
거짓말한 적 없다고도 말하지 마라.

Ne mentiaris.
Ne mentitus sis.
거짓말을 하지 마라.
거짓말한 적 없다고도 말하지 마라.

# Cavete, animum amittatis.
카베테, 아니뭄 아미타티스.

조심하라, 마음을 잃지 않도록.

살루스티우스의 저서 『카틸리나 전쟁』에 나오는 문장입니다. 앞뒤 맥락을 알
수 있는 원문을 살펴보면 이렇습니다.

"만약 너희의 용맹을 운명이 시기한다면, 보복 없이 목숨을 잃지 않도록 조심
하라. 사로잡혀 짐승처럼 도살당하기보다는 남자답게 싸워 적에게 피로 물든
슬픈 승리를 남겨주어라.Quod si virtuti vestrae fortuna inviderit, cavete inulti
animam amittatis neu capti potius sicuti pecora trucidemini quam virorum
more pugnantes cruentam atque luctuosam victoriam hostibus relinquatis."

이 대목은 카틸리나가 아군의 사기를 북돋으며 포로로 잡혀 수치스럽게 죽기
보다는 용감하게 싸워 적에게도 큰 피해를 입히고 끝까지 군인으로 남자고
독려하는 장면에서 등장합니다. 이 작품에서는 "Cavete, animum amittatis"
라는 문장이 '용기를 잃지 말고 끝까지 싸우라'는 맥락으로 쓰였지만, 인생살
이의 각종 고난과 상처들 속에서도 '부디 인간의 마음을 잃지 말자'는 의미로
도 쓰일 수 있습니다.

Cavete, animum amittatis.

조심하라, 마음을 잃지 않도록.

# Ubi nihil voles,
우비      니힐      볼레스,

# ibi nihil velis.
이비      니힐      벨리스.

아무것도 할 수 없으면
아무것도 원하지 마라.

Ubi mihil voles,
ibi mihil velis.
아무것도 할수 없으면
아무것도 원하지 마라.

# Facile omnes
파칠레 　　　 옴네스

# cum valemus,
쿰 　　　　 발레무스,

# recta consilia
렉타 　　　 콘실리아

# aegrotis damus.
애그로티스 　　　　 다무스.

누구나 건강할 때면 아픈 사람들에게
그럴싸한 충고를 (곧잘) 내린다.

테렌티우스의 말입니다. 이 구절은 성서 욥기 4장의 문장과 함께 읽을 때 더 깊이 와닿습니다. 역지사지를 못하는 이에게 엘리바즈는 이렇게 충고하죠.

"누가 자네에게 말을 건네려 한다면, 자네는 귀찮게 여기겠지. 그렇다고 입을 다물고만 있을 수도 없는 일일세. 여보게, 자네는 많은 사람을 지도하였고 손에 맥이 풀린 사람에게 용기를 주었었네. 자네의 말은 쓰러지는 사람을 일으켰고 흔들리는 무릎에 힘을 주었었지. 그런데 자네가 이 지경을 당하자 기가 꺾이고 매를 좀 맞았다고 이렇듯 허둥대다니, 될 말인가? 자신만만하던 자네의 경건은 어찌되었고 자네의 희망이던 그 흠 없는 생활은 어찌되었는가? 곰곰이 생각해보게. 죄 없이 망한 이가 어디 있으며 마음을 바로 쓰고 비명에 죽은 이가 어디 있는가?"(욥기 4장 2~7절)

건강한 사람이 다른 사람에게 건강해야 살기 좋다고 말하기는 쉽습니다. 그러나 건강한 사람이 아픈 자의 몸과 마음을 제 것처럼 느끼며, 아픔에 손 내미는 것은 어려운 일입니다. 나의 건강함을 뻐기고 훈계하기는 쉽습니다. 아무리 나 자신이 건강할 때라도 타인의 아픔에 내 뼈가 아리는 경험을 해본 사람이야말로 진실로 건강한 사람일 것입니다.

Facile omnes cum valemus,
recta consilia aegrotis damus.
누구나 건강할 때면 아픈 사람들에게
그럴싸한 충고를 (근장) 내린다.

# Ignoscito saepe alteri,
이뇨쉬토    새페    알테리,

# numquam tibi ipsi.
눔쾀    티비    입시.

타인은 자주 용서하되,
그대 자신은 결코 용서하지 마라.

Ignoscito saepe alteri,
numquam tibi ipsi.

타인은 자주 용서하되,
그대 자신은 결코 용서하지 마라.

# Obliviscendum est nobis
오블리비쉔둠       에스트     노비스

# acceptarum injuriarum.
악쳅타룸       인유리아룸.

우리가 받은 모욕은 잊어야 한다.

Obliviscendum est nobis
acceptarum injuriarum.
우리가 받는 모욕은 잊기야 한다.

# Occasio aegre affertur,
오카시오　　　　애그레　　　　아페르투르,

# facile amittitur.
파칠레　　　　아미티투르.

기회는 힘겹게 오고, 쉽게 사라진다.

Occasio aegre affertur,
facile amittitur.
기회는 힘겹게 오고, 쉽게 사라진다.

# Tempori parce!
템포리       파르체!

시간을 아껴라!

Tempori parce!

시간을 아껴라!

# Animus aeger semper errat,

아니무스      애제르      셈페르      에라트,

# neque pati neque perpeti potest.

네퀘      파티      네퀘      페르페티      포테스트.

마음이 병들면 늘 방황하고,
견뎌내지도 자제하지도 못한다.

✝ 세네카, 『루킬리우스에게 보내는 도덕 서한』

Animus aeger semper errat,
neque pati neque perpeti potest.
마음이 병들면 늘 방황하고,
견뎌내지도 자제하지도 못한다.

# Quotidie morimur:
쿼티디에 　　　　모리무르:

## quotidie enim demitur
쿼티디에 　　　에님 　　　데미투르

## aliqua pars vitae,
알리쿠아 　　파르스 　　비태,

## et tum quoque cum crescimus,
에트 　톰 　　쿼퀘 　　쿰 　　크레쉬무스,

## vita decrescit.
비타 　　　데크레쉬트.


우리는 날마다 죽어간다.
왜냐하면 날마다 생명의 한 부분이
깎여나가고 있기 때문이다.
그리고 우리가 성장할 때조차도
삶은 줄어들고 있다.


세네카,『자연에 관한 질문들Naturales Quaestiones』

# Vespere promittunt multi
베스페레 프로미툰트 물티

# quod mane recusant.
쿼드 마네 레쿠산트.

많은 사람들이 내일 아침이면 거절할 일을
오늘 저녁에 약속해버린다.

✝ 세네카, 『루킬리우스에게 보내는 도덕 서한』

Vespere promittunt multi
quod mane recusant.

많은 사람들이 내일 아침이면 거절한 일을
오늘 저녁에 약속해버린다.

# O stultum hominem
오　　스툴툼　　호미넴

# immoderate humana
임모데라테　　후마나

# patientem!
파티엔템!

아으, 사람을 사람답게
사랑할 줄 모르는 미련한 자여,
덧없는 인간사에 안달하는 바보여!

✝ 성 아우구스티누스, 『고백록』

# Quid rides?
퀴드　　　리데스?

# Mutato nomine,
무타토　　　　노미네,

# de te fabula narratur.
데　　테　　　파불라　　　　나라투르.

뭘 웃느냐?
이름만 바꾸면,
너에 대해 이야기하는 것인데.

호라티우스의 『시가Satire』 제1권 제1시에 나오는 일갈입니다. 호라티우스는
사람들이 타인을 웃음거리로 삼으며 조롱할 때, 실은 그들이 입에 담는 이야
기가 바로 자기 자신에게도 적용될 수 있음을 지적하고 있습니다. "이름만 바
꾸면, 그 이야기의 주인공은 바로 너." 남 말 하기 좋아하는 사람들에게 부메
랑처럼 날려주기 좋은 말입니다.

Quid rides?
Mutato nomine,
de te fabula narratur.
뭘 웃느냐?
이름만 바꾸면,
너에 대해 이야기하는 것인데.

# Non te reputes aliis meliorem.
논 테 레푸테스 알리이스 멜리오렘.

네가 다른 사람보다 낫다고 생각하지 마라.

Non te reputes aliis meliorem.

네가 다른 사람보다 낫다고 생각하지 마라.

# Sperate miseri,
스페라테       미세리,

# cavete felices.
카베테       펠리체스.

너희 불행한 자들은 희망을 가져라.
너희 행복한 자들은 조심하여라.

'미세레레miserere'는 간혹 '미제레레'라고 발음하는 경우가 있습니다. 's' 앞뒤
로 모음이 있을 때 이탈리아어는 '세'로 독일어는 '제'로 발음합니다.

Sperate miseri, cavete felices.

너희 불행한 자들도 희망을 가져라.

너희 행복한 자들도 조심하여라.

# Ira impotens sui est,
이라 임포텐스 수이 에스트,

# decoris oblita,
데코리스 옵리타,

# necessitudinum immemor.
네체씨투디눔 임메모르.

분노라는 것은
자기에 대한 무력함이요, 체면의 망각이자
정작 필요한 것이 무엇인지 생각지 않음이다.

세네카의 『분노에 관하여De Ira』에 나오는 글입니다. 이 책은 분노에 대해 철학적인 관점으로 분석하면서, 인간의 감정과 윤리적 행동에 대해 탐구하는 세네카의 명저입니다.

# Magna pars hominum est
마냐 　　　파르스 　　　　호미눔 　　　　에스트

# quae non peccatis irascitur,
쾌 　　　논 　　　　페카티스 　　　　이라쉬투르,

# sed peccantibus.
세드 　　　　페칸티부스.

사람들 대부분은 죄악에 분노하지 않고
죄인들에게 분노한다.

✝ 세네카, 『분노에 관하여』

# Sed forte corripis?
세드 포르테 코리피스?

# Amor hoc facit, non saevitia.
아모르 호크 파치트, 논 새비티아.

그대 혹시 꾸짖고 있습니까?
혹독함이 아니라 사랑이 꾸짖게 하십시오.

✝ 성 아우구스티누스, 『요한 서가 강해』

Sed forte corripis?
Amor hoc facit, non saevitia.
그대 혹시 꾸짖고 있습니까?
혹독함이 아니라 사랑이 꾸짖게 하십시오.

# Non qui parum habet,
논 퀴 파룸 하베트,

# sed qui plus cupit
세드 퀴 플루스 쿠피트

# pauper est.
파우페르 에스트.

적게 가진 사람이 가난뱅이가 아니라
더 많이 탐하는 사람이 가난한 사람이다.

† 세네카, 『루킬리우스에게 보내는 도덕 서한』

# Quousque servi eritis
쿼우스퀘　　　　　세르비　　　에리티스

# pecuniarum?
페쿠니아룸?

너는 언제까지 돈의 종노릇을 하며 살 작정인가?

4세기 콘스탄티노플의 대주교였던 요한 크리소스토모Johannes Chrisostomus 의 설교에서 온 말입니다. 그는 출세를 위해 이교도 수사학자인 리바니오로 부터 수사학을 배웠으나, 이런 생활에 염증을 느끼고 수도 생활을 하게 됩니 다. 설교를 잘하기로 유명했던 그의 별명은 '황금의 입'이었습니다. 실제 금은 보화를 혼자만의 곳간에 채워두는 것이 아니라 황금 같은 설교로 사람들의 마음을 두루 풍요롭게 해주는 성인의 삶을 택한 것입니다.

Quousque servi eritis pecuniarum?
너는 언제까지

돈의 종노릇을 하며 산 작정인가?

# Hodie mihi cras tibi.

호디에 미기 크라스 티비.

오늘은 나에게 내일은 너에게.

집회서 38장 22절 "어제는 내 차례였지만 오늘은 네 차례다"라는 말씀에 기반한 문장으로 유럽 공동묘지 입구나 한국 천주교 대구대교구 성직자 묘지 입구에서도 이 문장을 볼 수 있습니다. 죽음은 만인에게 공평히 일어나는 결과값이라는 뜻과 동시에 '오늘 내가 당하는 고통이나 운명이 내일은 너에게 닥칠 수 있다'는 의미로, 타인의 고통이나 불행 앞에 무심한 사람에게 보내는 비수 같은 한 문장입니다.

Hodie mihi cras tibi.

오늘은 나에게 내일은 너에게.

# Cavendum est ne omnibus
카벤둠　　　　　에스트　　네　　　옴니부스

# dicamus omnia.
디카무스　　　　　옴니아.

우리가 모든 사람에게
모든 것을 말하는 일이 없도록 주의해야 한다.

Cavendum est ne omnibus
dicamus omnia.
우리가 모든 사람에게 모든 것을
말하는 일이 없도록 주의해야 한다.

# Vitium, quod tu nimis magnum
비티움,     쿼드    투    니미스     마늄

# studium in rem non necessariam
스투디움    인    렘    논     네체싸리암

# confers.
콘페르스.

불필요한 일에
너무 큰 열성을 쏟는 것이
네 결점이다.

뜨거운 열정에도 효율과 논리는 필요합니다. 무턱대고 모든 것을 쏟아붓는 열정은 오히려 한정된 생의 시간과 체력을 빼앗아갈 수 있기 때문입니다. 뜨거운 심장과 손으로 열성을 기울이되, 차가운 뇌와 눈으로 이 열정이 향하고 있는 곳을 응시해야 합니다. 지나치게 무모한 열정은 때로 인생을 낭비하게 만들기 때문입니다.

# Ante victoriam ne canas
안테 빅토리암 네 카나스

# triumphum.
트리움품.

승리하기 전에
승리의 노래를 부르지 마라.

Ante victoriam ne canas triumphum.

승리하기 전에 승리의 노래를 부르지 마라.

# Os suum a malo vel

오스　　수움　　아　　말로　　벨

# pravo eloquio custodire.

프라보　　　엘로퀴오　　　쿠스토디레.

나쁘고 추잡한 말을 입에 담지 말라.

Os suum a malo vel
pravo eloquio custodire.
나쁜고 추잡한 말을 읽기 담지 말라.

# Corripiendi sunt inquieti,
코리피엔디 순트 인퀴에티,

# pusillanimes consolandi,
푸실라니메스 콘솔란디,

# infirmi suscipiendi,
인피르미 수쉬피엔디,

# contradicentes redarguendi,
콘트라디첸테스 레다르궨디,

# insidiantes cavendi,
인시디안테스 카벤디,

# imperiti docendi,
임페리티 도첸디,

# desidiosi excitandi,
데시디오시 엑시탄디,

# contentiosi cohibendi,
콘텐티오시 코히벤디,

# superbientes reprimendi,
수페르비엔테스 레프리멘디,

# desperantes erigendi,
데스페란테스 에리젠디,

# litigantes pacandi,
리티간테스 파칸디,

# inopes adiuvandi, oppressi liberandi,
이노페스　　　아디우반디,　　　오프레씨　　　리베란디,

# boni approbandi, mali tolerandi,
보니　　　아프로반디,　　　말리　　　톨레란디,

# [heu!] omnes amandi.
[헤우!]　　옴네스　　　아만디.

흔들리는 이들은 바로잡아야 하고, 소심한 이들은 위로해야 하며,
약한 이들에게는 힘을 주어야 합니다.
반대하는 이들에게는 잘못을 지적해주고,
간계를 부리는 이들을 조심해야 합니다.
무지한 이들은 가르쳐야 하고, 게으른 이들은 독려해야 하며,
따지기 좋아하는 이들은 다독여야 합니다.
교만한 자들이 자기 분수를 지키게 하고,
절망에 빠진 이들은 도와주어야 하고,
억눌린 이들은 해방시켜야 하며, 선한 이들은 격려해야 하고,
악한 이들은 참아주어야 합니다. (휴!) 모두 사랑해야 합니다.

✝ 성 아우구스티누스가 자신의 일상을 묘사한 글에서 유래한 내용입니다.
성인도 모두를 받아들이고 사랑하기 전, 깊은숨을 내쉽니다. 휴!

# Ducunt volentem fata,
두쿤트　　　　　　　　볼렌템　　　　　　　파타,

# nolentem trahunt.
놀렌템　　　　　　　트라훈트.

운명은 원하는 사람은 이끌어주지만,
싫어하는 사람은 질질 끌고 간다.

Ducunt volentem fata,
nolentem trahunt.
운명은 원하는 사람은 이끌어주지만,
싫어하는 사람은 질질 끌고 간다.

# Stultum facit fortuna
스툴툼　　　파치트　　　포르투나

# quem vult perdere.
퀨　　　불트　　　페르데레.

운명은 누군가를 파멸시키고자 할 때
그자를 행운으로 어리석게 만든다.

✝ 푸블리우스 시루스, 『격언집』

# Qui saevo imperio regit,
퀴 　　새보 　　임페리오 　　레지트,

# timet timentes,
티메트 　　티멘테스,

# metus in auctorem redit.
메투스 　　인 　　아우크토렘 　　레디트.

가혹한 통수권으로 다스리는 사람은
자기를 두려워하는 사람들을 또한 두려워하며,
그 두려움은 (결국 두려움을 조장한)
장본인에게 돌아간다.

세네카의 『자비론De Clementia』에 나오는 구절입니다. 이 문장은 폭군과 독재자의 불안과 두려움을 묘사하며, 폭정을 부리는 사람이 파국을 맞는 상황을 묘사합니다. 세네카는 이를 통해 자비의 중요성과 지도자가 자신을 통제할 수 있어야 한다는 점을 강조합니다. 잔인한 권력과 공포정치로 지배하는 자는 자신의 내면에 이미 공포의 씨앗을 품고 있고, 두려워하는 자는 다시 그 두려움의 원인으로 돌아갑니다. 오늘날 세계의 정치 상황과도 절묘하게 닿아 있는 문장이라 하겠습니다.

# Quae mutare non potestis,
쾌　　　　무타레　　　　논　　　　포테스티스,

# aequo animo ferte!
애쿼　　　　아니모　　　　페르테!

그대가 변화시킬 수 없는 것들이라면,
평온한 마음으로 견뎌라!

Quae mutare non potestis,
aequo animo ferte!
그대가 변화시킬 수 없는 것들이라면,
평온한 마음으로 견뎌라!

# Hodie non cras, id fac!
호디에      논      크라스,   이드   파크!

내일이 아니라 오늘 당장 그것을 하라!

Hodie non cras, id fac!
내일이 아니라 오늘 당장 그것을 하라!

## Oratio pro actione
오라티오 프로 악티오네

Deus, ut, sicut tuam cognoscimus veritatem,
데우스, 우트, 시쿠트 투암 코뇨쉬무스 베리타템,

sic eam dignis moribus assequamur.
시크 에암 디니스 모리부스 아쎄콰무르.

### 실천을 위한 기도

하느님, 저희가 주님의 진리를 깨달았으니,

또한 합당한 생활로 그 진리를 실천하게 하소서.

# 4장

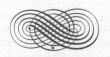

## 적에 대항하여
### Contra hostem

인간관계가 어렵고 두려워질 때
새기는 문장

# Amicus omnibus
아미쿠스           옴니부스

# amicus nemini.
아미쿠스         네미니.

모든 이의 친구는
누구에게도 친구가 아니다.

Amicus omnibus amicus nemini.

모든 이의 친구는 누구에게도 친구가 아니다.

# Infinitus est numerus
인피니투스  에스트  누메루스

# stultorum.
스툴토룸.

바보들의 숫자는 무한하다.

Infinitus est numerus
stultorum.
바보들의 숫자는 무한하다.

# Non ducor, duco.
논       두코르,        두코.

나는 이끌리지 않는다, 내가 이끈다.

'누구에게도 끌려가지 않고 내가 끌고 간다'는 패기와 주체성이 담긴 문장입니다. 브라질의 도시 상파울루의 상징 속에 새겨진 라틴어 문구이기도 합니다.

Non ducor, duco.

나는 이끌리지 않는다, 내가 이끈다.

# Quis audet?

퀴스　　　　아우데트?

누가 감히?

"Quis audet?"라는 표현을 제일 많이 하는 사람은 아마도 천주교의 주교님들로 기억합니다. 나를 함부로 대하는 이를 결코 용서하지 마십시오. 그것은 나를 사랑하는 이들, 나를 만들어낸 이들을 무시하는 처사입니다. 무례한 사람에게는 '감히'로 응대하세요. 감히 당신의 온 생을 망가뜨려도 되는 사람은 아무도 없습니다.

Quis audet?

누가 감히?

·필사의 기도·

**Oratio pro salute vitae**
오라티오 프로 살루테 비태

Domine, ad adjuvandum me festina:
도미네, 아드 아드유반둠 메 페스티나:

confundantur et revereantur inimici mei,
콘푼단투르 에트 레베레안투르 이니미치 메이,

qui quaerunt animam meam.
퀴 콰에룬트 아니맘 메암.

목숨을 구하기 위한 기도

하느님, 어서 저를 구하소서.

주님, 어서 저를 도우소서.

제 목숨을 노리는 자들은 부끄러워하며 수치를 당하게 하소서.

✝ 시편 70편 1~2절에서 유래한 기도문입니다.

# Tu ne cede malis,
투　　네　　체데　　말리스,

# sed contra audentior ito.
세드　　콘트라　　아우덴티오르　　이토.

그대는 악에 굴복하지 말고,
보다 결연히 앞으로 나아가라.

† 베르길리우스, 『아이네이스』

# Cede coram viro stulto,
체데 　코람 　비로 　스툴토,

# quia nescies labia prudentiae.
퀴아 　네쉬에스 　라비아 　프루덴티애.

미련한 자 앞을 떠나라.
거기에서는 지식을 배우지 못한다.

† 잠언 14장 7절

# Homo totiens moritur

호모 　　　토티엔스 　　　모리투르

# quotiens amittit suos.

쿼티엔스 　　　아미티트 　　　수오스.

사람은 자신의 사람들을 잃을 때마다
그만큼 죽어간다.

푸블리우스 시루스의 『격언집』에 나오는 말로 사랑하는 사람이나 가족, 절친
한 이를 잃었을 때 겪는 절대적 고통을 묘사한 글입니다. 사람은 육체적으로
죽지 않더라도, 사랑하는 이들을 잃을 때마다 그만큼의 심리적, 정서적 고통
을 겪으며 마치 죽은 것이나 진배없다고 느낄 수 있음을 드러냅니다.

Homo totiens moritur
quotiens amittit suos.
사랑은 자신의 사람들을 잃을 때마다
그만큼 죽어간다.

## Oratio pro proximis maestis
오라티오 프로 프록시미스 매스티스

Mater, respice innumeram infantium quibus
마테르, 레스피체 인누메람 인판티움 퀴부스

interdicitur ne nascantur,
인테르디치투르 네 나스칸투르,

pauperum quibus vivere ipsum redditur asperum,
파우페룸 퀴부스 비베레 입숨 레디투르 아스페룸,

mulierum et virorum quibus
물리에룸 에트 비로룸 퀴부스

inhumana crudelitas infligitur,
인후마나 크루델리타스 인플리기투르,

senum atque aegrotantium quibus indifferens
세눔 아트퀘 애그로탄티움 퀴부스 인디페렌스

animus mortem attulit pietasve fucata.
아니무스 모르템 아툴리트 피에타스베 푸카타.

## 슬픈 이웃들을 위한 기도

굽어보소서, 성모님.

세상에 태어나보지도 못한 수많은 아기들을 굽어보소서.

삶 자체가 고통인 가난한 이들을 굽어보소서.

비인간적인 잔혹함을 겪고 있는 남자와 여자들을 굽어보소서.

무관심이나 거짓된 연민으로 죽어가고 있는 노인과

병자들을 굽어보소서.

이 라틴어 기도문은 교황 요한 바오로 2세가 1995년 3월 25일 발표한 회칙 『생명의 복음Evangelium Vitae』의 결론 부분에 포함된 성모 마리아께 드리는 기도입니다.

# Respiciat unusquisque cor suum:
레스피치아트       우누스퀴스퀘       코르     수움:

# non teneat odium contra fratrem
논      테네아트      오디움       콘트라       프라트렘

# pro aliquo verbo duro.
프로      알리쿼      베르보      두로.

각자 제 마음을 돌아보며 경계할 일입니다.
좀 모진 말을 들었다고 해서
형제에게 원한을 품지 마십시오.

† 성 아우구스티누스, 『요한 서간 강해』

# Aliquem omni comitate
알리퀘ム　　　　　옴니　　　　　코미타테

# ad hilaritatem provoco.
아드　　　　힐라리타템　　　　프로보코.

나의 명랑과 상냥함을 다해
누군가를 기분좋게 해주기.

Aliquem omni comitate
ad hilaritatem provoco.
나의 명랑과 상냥함을 다해
누군가를 기분좋게 해주기.

# Ita amicum habes,
이타　　　아미쿰　　　　하베스,

# posse inimicum fieri ut putes.
포쎄　　　　이니미쿰　　　피에리　우트　푸테스.

너는 친구를 사귄다면서 언제라도 그 사람이
원수가 될 수 있다고 여기는 듯 사귄다.

† 푸블리우스 시루스, 『격언집』

# Si vis melior esse quam
시 비스 멜리오르 에쎄 쾀

# alius homo,
알리우스 호모,

# invidebis ei quando tibi
인비데비스 에이 쾀도 티비

# esse videbis aequalem.
에쎄 비데비스 애쾰렘.

그대가 다른 사람보다 더 낫고 싶어한다면,
그 사람이 그대와 평등해 보일 때
시기심에 사로잡히게 되리라.

# In postremum moneo,
인 포스트레뭄 모네오,

# etsi non fuerit qui deprecetur,
에트시 논 푸에리트 퀴 데프레체투르,

# ad aut te erroribus eorum
아드 아우트 테 에로리부스 에오룸

# placabilem praestes.
플라카빌렘 프래스테스.

마지막으로 충고하거니와,
비록 애걸해오는 사람이 없다 하더라도,
그대는 그대가 거느리는 사람들의 잘못에
관대하게 처신하라!

# Nolite mirari, fratres,

놀리테　　　　미라리,　　　　프라트레스,

# si odit vos mundus.

시　　오디트　　보스　　　　문두스.

형제 여러분, 세상이 여러분을 미워하더라도
이상히 여길 것 없습니다.

† 요한I서 3장 13절

# De gustibus non est

데　　　　구스티부스　　　　논　　　에스트

# disputandum.

디스푸탄둠.

취향에 대해서는 논쟁할 필요가 없다.

De gustibus non est disputandum.
취향에 대해서는 논쟁할 필요가 없다.

# Luctor et emergo.
룩토르　　　　에트　　　　에메르고.

## 나는 투쟁하고 끝내 비상하리라.

직역하면 '나는 저항하고 떠오른다'는 뜻으로, '나는 끝까지 노력하고 살아남을 것'이라는 의미로도 해석됩니다. 어떤 상황에서도 굴하지 않고 살아가고 살아남겠다는 굳센 의지의 표상으로 삼을 만한 문장입니다. 이 라틴어 문장은 네덜란드 남서부 해양지역인 제일란트Zeeland 지방의 공식 모토이기도 합니다. 네덜란드는 국토의 약 27%가 해수면보다 낮고, 제일란트 지역은 그중에서도 끊임없이 홍수와 바다의 위협에 맞서 싸워야 했던 역사를 가지고 있습니다. 1953년에는 제일란트 지방에 큰 홍수로 1800명이 희생되는 재난이 일어나기도 했습니다. 이런 제일란트 지역의 문장紋章에는 물에 반쯤 잠긴 사자의 모습이 그려진 가운데 "Luctor et emergo"가 선명하게 새겨져 있습니다. 지금은 물에 반쯤 잠겨 있다 하더라도 끝까지 투쟁하여 떠오르겠다는 강력한 선언인 것입니다.

·필사의 기도·

## Oratio ad vincendam falsitatem
오라티오 아드　　빈첸담　　　팔시타템

Domine, libera animam meam a labiis iniquis,
도미네,　리베라　아니맘　　메암　아라비이스 이니퀴스,

et a lingua dolosa.
에트아　린구아　돌로사.

거짓을 이기는 기도

하느님, 나를 건져주소서.

거짓된 입술과 사악한 혀로부터 건져주소서.

† 시편 120편 2절

# Sublata benevolentia
수블라타        베네볼렌티아

# amicitiae nomen tollitur.
아미치티애            노멘            톨리투르.

친절을 없애고 나면 우정이란 이름도 사라진다.

Sublata benevolentia
amicitiae nomen tollitur.
친절을 없애고 나면
우정이란 이름도 사라진다.

# Multis et illatis et
물티스 에트 일라티스 에트

# acceptis vulneribus.
악쳅티스 불네리부스.

상처를 많이 받기도 하고 주기도 한 뒤에.

Multis et illatis et acceptis
vulneribus.
상처를 많이 받기도 하고
주기도 한 뒤끼.

**Numquam est nimis sero ad**
눔쾀 에스트 니미스 세로 아드

**alterius cor movendum**
알테리우스 코르 모벤둠

**neque umquam res est inutilis.**
네퀘 움쾀 레스 에스트 이누틸리스.

다른 사람의 마음을 어루만지기에
결코 늦은 때란 없으며
어떤 일도 결코 헛되지 않다.

교황 베네딕토 16세가 2007년 11월 30일에 발표한 회칙 『스페 살비Spe Salvi』('희망으로 구원받는다'는 뜻)에 언급된 문장입니다. 교황은 우리 개개인의 작은 노력과 선행이 결코 헛되지 않으며, 언제나 타인의 마음을 움직이고 세상을 더 나은 방향으로 만들 수 있다는 희망과 구원의 메시지를 전합니다.

# Homo homini Deus est.
호모　　　　　호미니　　　　데우스　　　에스트.

사람이 사람에게 신인 것이다.

Homo homini Deus est.

사람이 사람에게 신인 것이다.

# Nolite judicare,
놀리테       유디카레,

# ut non iudicabimini.
우트     논         유디카비미니.

# In quo enim iudicio iudicaveritis,
인     쿼     에님       유디치오         유디카베리티스,

# iudicabimini:
유디카비미니:

# et in qua mensura mensi fueritis,
에트 인     콰       멘수라       멘시       푸에리티스,

# metietur vobis.
메티에투르       보비스.

# Quid autem vides festucam in
퀴드     아우템     비데스     페스투캄       인

# oculo fratris tui,
오쿨로     프라트리스   투이,

# et trabem in oculo tuo non vides?
에트     트라벰     인   오쿨로   투오   논     비데스?

남을 판단하지 마라.
그러면 너희도 판단받지 않을 것이다.
남을 판단하는 대로
너희도 하느님의 심판을 받을 것이고
남을 저울질하는 대로
너희도 저울질을 당할 것이다.
어찌하여 너는 형제의 눈 속에 있는 티는 보면서
제 눈 속에 들어 있는 들보는 깨닫지 못하느냐?

마태복음 7장 1~3절의 말씀입니다. 사람이 밉거나 고통스럽게 느껴질 때 제가 언제나 백 번이고 천 번이고 돌아가 새기는 구절입니다.

# Saevit in te homo?
새비트 인 테 호모?

# Ille saevit, tu precare.
일레 새비트, 투 프레카레.

# Ille odit, tu miserere.
일레 오디트, 투 미세레레.

그대를 괴롭히는 사람이 있습니까?

그는 괴롭히지만, 그대는 기도하십시오.

그는 미워하지만, 그대는 자비를 베푸십시오.

"너희 원수를 사랑하며, 너희를 박해하는 자를 위하여 기도하라"(마태복음 5장 44절)는 성서의 말씀을 떠오르게 하는 글입니다. 아우구스티누스의 『요한 서한 강해』 중 한 대목입니다.

# Semper solus sed pariter.
셈페르      솔루스      세드      파리테르.

반드시 혼자서, 하지만 함께.

Semper solus sed pariter.

반드시 혼자서, 하지만 함께.

# 5장

누가 까닭 없이 상처를 입었느냐?
## Cui sine causa vulnera?

불우한 시절 내 영혼을 대신해 울어줄
호소와 비탄의 문장

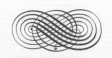

# Cui "Vae"? Cui "Eheu"?
쿠이　　　"배"?　　　　쿠이　　　　"에헤우"?

# Cui rixae? Cui querela?
쿠이　　　릭새?　　　쿠이　　　　퀘렐라?

# Cui sine causa vulnera?
쿠이　　　시네　　　카우사　　　　불네라?

# Cui suffusio oculorum?
쿠이　　　수푸시오　　　　오쿨로룸?

재난을 맞을 사람이 누구냐?
근심하게 될 사람이 누구냐?
다투게 될 사람이 누구냐?
속상해할 사람이 누구냐?
애매하게 상처 입을 사람이 누구냐?
눈이 충혈된 사람이 누구냐?

잠언 23장 29절의 말로 원래는 과음하는 자들을 비판하기 위한 구절입니다.
다음과 같이 해석할 수도 있습니다.

"누가 '슬프다'고 말하는가? 누가 '아, 이럴 수가'라고 말하는가? 누가 다툼을
겪는가? 누가 불평하는가? 누가 까닭 없이 상처를 입는가? 누가 눈이 붉어지
는가?"

"누가 비탄에 젖어 있느냐? 누가 애통해하느냐? 누가 싸움질하였느냐? 누가
원망하느냐? 누가 까닭 없이 상처를 입었느냐? 누가 슬픔에 잠긴 눈을 하고
있느냐?"

Cui "vae" ?   Cui "Eheu" ?
Cui rixae?   Cui querela?

Cui sine causa vulnera?
Cui suffusio oculorum?

재난을 맞을 사람이 누구냐?

근심하게 될 사람이 누구냐?

다투게 될 사람이 누구냐?

/속상해할 사람이 누구냐?

애매하게 상처 입을 사람이 누구냐?

눈이 충혈된 사람이 누구냐?

# Habetne vita sensum?
하베트네　　　비타　　　　센숨?

# Quo illa cursum suum tendit?
쿼　　　일라　　　쿠르숨　　　수움　　　텐디트?

인생이란 의미가 있는 것일까?
그것은 어디로 가고 있는 것일까?

✝ 철학자든 보통 사람이든 누구도 이 물음을 피할 수 없습니다.

·필사의 기도·

**Oratio lacrimaru**
오라티오    라크리마루

Domine, fac me flere!
도미네,  파크 메 플레레!

∽

눈물의 기도

주님 저를 울게 하소서!

---

헨델의 오페라 가곡 〈울게 하소서Lascia ch'io pianga〉와 같은 뜻의 라틴어
문장입니다.

# Donec eris sospes,
도네크　　　에리스　　　소스페스,

# multos numerabis amicos:
물토스　　　　누메라비스　　　　아미코스:

# tempora si fuerint nubila,
템포라　　　시　　푸에린트　　　누빌라,

# solus eris.
솔루스　　　에리스.

네가 행운아일 동안에는
많은 친구들을 가지게 되리라,
그러나 한번 불우한 시절을 만나게 된다면
너는 홀로 외로우리라.

# Sine ulla spe.
시네        울라        스페.

아무 희망도 없이.

완벽하게 절망적인 상황이나 희망이 없는 상태를 지나온 적이 있으신가요. 단테의 『신곡』에서는 지옥의 입구에 새겨진 문구를 볼 수 있습니다. "여기로 들어오는 자, 모든 희망을 버려라. Lasciate ogne speranza, voi ch'intrate."
성 아우구스티누스도 편안한 날이 아니라 고난의 시기, 희망이 없는 상태에서도 믿음을 잃지 않는 일의 중요성에 대해 언급했습니다. 아무런 희망이 없는 날에도 우리는 희미한 믿음의 동아줄이라도 붙들고 계속해서 살아가야만 합니다. 사람은 기약할 수 없는 희망으로 살지 않습니다. 코앞에 닥쳐온 순간의 경이와 견딤으로 삽니다.

Sine ulla spe.

아무 희망도 없이.

# Spes cum omnes
스페스 쿰 옴네스

# deficiunt spes.
데피치운트 스페스.

희망이 무너지는 순간의 희망.

# Quid es tam tristis?
퀴드　　　에스　　　탐　　　　트리스티스?

너 뭐가 그렇게 슬프냐?

이 대사는 고대 로마의 극작가 테렌티우스의 희극 〈헤키라Hecyra〉('시어머니'라는 뜻)에 등장합니다. 테렌티우스의 〈헤키라〉는 고부갈등을 다루는 희극으로, 가족 내의 복잡한 인간관계와 사건 양상을 다룬 작품입니다. 초연 당시엔 거의 호응을 얻지 못했지만, 훗날 로마 문학의 걸작으로 꼽힌 작품입니다. 테렌티우스가 인물로 하여금 상대의 슬픔과 감정을 묻는 이 대사는 라틴어 문학에서 인간의 감정을 섬세하게 묘사하는 대사로 한 획을 그었고, 이 대사는 지금까지도 감정 표현의 중요성을 상기시키는 예시로 꼽히고 있습니다.

Quid es tam tristis?

너 뭐가 그렇게 슬프냐?

# Do poenas temeritatis meae.

도        푀나스             테메리타티스           메애.

나는 내 경솔함의 대가를 치르고 있다.

고대 로마의 시인 오비디우스의 작품 『변신 이야기Metamorphoses』 중 오르
페우스가 에우리디케를 저승에서 구해오려다 실패한 후 자신의 경솔함을 탓
하는 대사입니다. 오르페우스는 아내 에우리디케를 구하기 위해 저승으로 내
려가 하데스에게 간청하여 조건부로 아내를 데려가라는 허락을 받습니다. 그
조건은 절대 뒤를 돌아보지 말라는 것이었죠. 그러나 오르페우스는 이 하나
의 약속을 지키지 못해 결국 에우리디케를 영원히 잃어버립니다. 오르페우스
가 영원한 상실을 부른 자신의 경솔함을 깊이 탓하고 탄식하며 외친 대사입
니다.

Do poenas temeritatis meae.

나는 내 경솔함의 대가를 치르고 있다.

# Doleo, ergo sum.
돌레오,　　　에르고　　　숨.

나는 고통스럽다, 그러므로 나는 존재한다.

Doleo, ergo sum.
나는 고통스럽다, 그러므로 나는 존재한다.

# Kyrie eleison
키리에 엘레이손

Miserere nostri Domine miserere nostri:
미세레레 노스트리 도미네 미세레레 노스트리:

noli oblivisci miserationum tuarum,
놀리 오블리비쉬 미세라티오눔 투아룸,

in quas omnium nostrum oculi et tota spes nostra:
인 콰스 옴니움 노스트룸 오쿨리에트 토타 스페스 노스트라:

peccavimus quidem et inique egimus nimis:
페카비무스 퀴뎀 에트 이니퀘 에지무스 니미스:

sed si iniquitates nostras attenderis, quis sustinebit:
세드 시 이니퀴타테스 노스트라스 아텐데리스, 퀴스 수스티네비트:

parce igitur nobis et recordatus misericordiae tuae
파르체 이지투르 노비스에트 레코르다투스 미세리코르디애 투애

antiquae propitius exaudi
안티콰에 프로피티우스 엑사우디

preces nostras et omnium sanctorum tuorum
프레체스 노스트라스 에트 옴니움 산토룸 투오룸

et libera nos ab ista pressura,
에트 리베라 노스 압 이스타 프레쑤라,

tribulationes enim factae sunt super nos nimis,
트리불라티오네스 에님 팍태 순트 수페르 노스 니미스,

et hostes tui irruerunt super nos
에트 호스테스 투이 이루에룬트 수페르 노스

**et perdere volunt tuam haereditatem**
에트 페르데레  볼룬트   투암      해레디타템

**quam redemisti tuo pretioso sanguine:**
쾀    레데미스티 투오 프레티오소    산귀네:

**nisi tu ex alto tuleris auxilium,**
니시  투 엑스 알토  툴레리스  아욱실리움,

**non poterimus stare contra illos.**
논   포테리무스  스타레 콘트라 일로스.

## 주여, 자비를 베푸소서

주님, 저희를 불쌍히 여기소서. 불쌍히 여기소서.

당신의 자비를 잊지 마소서.

저희 눈이 모두 당신의 자비에 쏠려 있습니다.

저희의 모든 희망이 당신의 자비 안에 있습니다.

전능하시고 인자하신 하느님,

저희의 잘못과 죄과를 기억하지 마시고,

저희의 죄악대로 저희를 벌하지 마소서!

저희는 죄를 지었고 너무나 많은 불의를 행하였습니다.

당신이 만일 저희의 불의를 헤아리신다면

누가 감히 견딜 수 있겠습니까?

그런즉 저희를 용서하시고 당신의 옛 자비를 기억하시어,

저희와 당신의 모든 성인들의 기도를 어여삐 들어 허락하소서.

저희를 재난에서 구원하소서.

엄청난 환난이 저희에게 너무도 모질게 덮쳐왔습니다.

원수들이 저희에게 달려들고 있습니다.

당신의 보배로운 피로 속량하신 당신의 유산을

파멸하려 덤벼들고 있습니다.

당신이 높은 데서 도와주시지 않으면

저희는 그들을 대항하여 설 수가 없습니다.

최양업 신부의 열아홉번째 서한에 있는 기도문입니다. 이 기도문에 제가
붙여둔 제목인 Kyrie eleison(키리에 엘레이손)이란 그리스어로 "주여, 자비
를 베푸소서"라는 뜻입니다. 라틴어 미사에서는 '키리에 엘레이손'이라는
그리스어 표현을 그대로 사용합니다.

# 6장

✧

# 시련을 이김에 대하여
## De resistendis tentationibus

✧

나를 살아가게 하는
희망과 구원의 문장

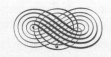

# Major sum,
마요르 숨,

# quam cui possit fortuna
쾀 쿠이 포씨트 포르투나

# nocere.
노체레.

운명이 나를 해치기에는 나는 그보다 더 위대하다.

Major sum,
quam cui possit fortuna nocere.

운명이 나를 해치기에는

나는 그보다 더 위대하다.

# Nemo me impune lacessit.
네모 　 메 　 임푸네 　 라체씨트.

# Certando validior fio.
체르탄도 　 발리디오르 　 피오.

아무도 나를 건드리고는 무사하지 못하리.

싸우면서 나는 더 강해진다.

"Nemo me impune lacessit"는 스코틀랜드 왕실 문장에 새겨진 라틴어 문
장입니다. 오랫동안 외세의 침략에 맞서 싸우며 더욱 강인해진 스코틀랜드인
의 정신과 기강을 보여주는 문장입니다.

# Id aetatis jam sumus,
이드　　　애타티스　　　얌　　　수무스,

# ut omnia fortiter ferre
우트　　　옴니아　　　포르티테르　　　페레

# debeamus.
데베아무스.

우리는 이미 모든 것을 용감하게
견뎌내야 할 나이에 와 있다.

Id aetatis jam sumus,
ut omnia fortiter ferre debeamus.
우리는 이미 모든 것을 용감하게
견뎌내야 한 나이에 와 있다.

# Si ita res se habet,
시  이타  레스  세  하베트,

# fortiter feramus.
포르티테르  페라무스.

상황이 그렇다면, 용감하게 견뎌나가자.

Si ita res se habet,
fortiter feramus.

상황이 그렇다면, 용감하게 견뎌나가자.

# Quo vadis?
쿼 바디스?

어디로 가는가?

베드로가 예수님에게 여쭈었다는 말로서 "주여, 어디로 가시나이까"라고 번역됩니다. 이 말은 현대에도 인생의 방향성이나 중대한 선택을 묻는 철학적, 상징적인 의미로 사용되며, 살면서 가장 많이 끝없이 물어야 할 질문 중 하나입니다. "당신은 지금 어디로 가고 있습니까?"

Quo vadis?

어디로 가는가?

# Si cecidero,
시　　　　체치데로,

# iterum surgam.
이테룸　　　　수르감.

나는 넘어진다면 다시 일어나겠다.

Si cecidero, iterum surgam.
나는 넘어진다면 다시 일어나겠다.

# Omnes resurgemus.

옴네스 레수르게무스.

우리 모두는 부활할 것이다.

Omnes resurgemus.

우리 모두는 부활한 것이다.

# Quam magnum bonum
콤 마늄 보눔

# sit ipsum esse!
시트 입숨 에쎄!

존재한다는 그 자체가
얼마나 위대한 선인가!

Quam magnum bonum sit ipsum esse!
존재한다는 그 자체가 얼마나 위대한 선인가!

# Verumtamen oportet me
베룸타멘          오포르테트      메

# hodie et cras et sequenti
호디에    에트    크라스    에트      세퀜티

# ambulare.
암불라레.

오늘도 내일도 그 다음날도
계속해서 내 길을 가야 한다.

✝ 루가 13장 33절

# Inveniam viam
인베니암 비암

# aut faciam.
아우트 파치암.

## 나는 길을 찾아내거나, 만들 것이다.

고대 카르타고의 명장 한니발 바르카Hannibal Barca가 알프스를 넘어 이탈리아로 진군할 때 한 말로 알려져 있습니다. 한니발은 로마와의 제2차 포에니 전쟁 중 극도로 좋지 않은 지형과 열악한 여건에도 불구하고, '길이 없으면 만들겠다'는 결의를 보이며 군대를 이끌었습니다.

# Vetus tandem novitas,
베투스 　　　　 탄뎀 　　　　　 노비타스,

# umbram fugat veritas,
움브람 　　　　 푸가트 　　　　 베리타스,

# noctem lux eliminat.
녹뎀 　　　　 룩스 　　　　 엘리미나트.

낡은 것이 새로운 것에게 자리를 물려주고,
진리가 어둠을 내몰며,
빛이 밤을 흩어버리도다.

✝ 성 토마스 아퀴나스가 지은 성체 찬미가 〈성체 성혈 대축일 부속가〉

# Orta est tamen stella spei.

오르타　에스트　타멘　스텔라　스페이.

그러나 희망의 별이 떠올랐다.

교황 베네딕토 16세의 『스페 살비』의 서문에 나온 문장입니다. 『스페 살비』 회칙은 발표 당시 큰 반향을 일으켰고, 현대 사회에서 희망의 역할과 의미에 대한 깊은 성찰을 불러일으켰습니다.

Orta est tamen stella spei.

그러나 희망의 별이 떠오른다.

# 한동일의 라틴어 필사 노트
인생을 새롭게 쓰고 싶은 당신을 위한 경이로운 문장들
ⓒ한동일 2025

초판 인쇄 2025년 3월 21일
초판 발행 2025년 4월  4일

지은이 한동일

기획·책임편집 이연실
편집 장민기 염현숙
디자인 윤종윤 이정민
마케팅 김도윤 최민경
브랜딩 함유지 박민재 김희숙 이송이 김하연 박다솔 조다현 배진성
저작권 박지영 오서영
제작 강신은 김동욱 이순호
제작처 영신사

펴낸곳 (주)이야기장수
펴낸이 이연실
출판등록 2024년 4월 9일 제2024-000061호
주소 10881 경기도 파주시 회동길 455-3 3층
문의전화 031-8071-8681(마케팅) 031-8071-8684(편집)
팩스 031-955-8855
전자우편 pro@munhak.com
인스타그램 @promunhak

ISBN 979-11-94184-16-4  03100

# 한동일의
# 라틴어 인생 문장

삶의 고비마다 나를 일으킨 단 한 줄의 희망

**"**
## 어느 날 내 삶에 모든 희망이 꺼질지라도
## 단단히 붙들어 버틸 한 줄이 있다.
**"**

"Ad Astra Per Aspera 고난을 넘어 별을 향해"

＊운명에 지지 않고, 운명을 가지는 자의 문장

＊절망의 한복판에서 새기는 희망의 문장

＊그럼에도 끝내 꿈꾸는 자가 품은 문장

＊더는 이렇게 살면 안 된다고 나를 흔들어 깨운 새벽의 문장

＊공부하는 자가 벽에 붙여둔 용기와 신념의 문장

＊사람이 던진 비수에 피 흘릴 때 읽어야 할 치유의 문장

＊인간다움을 잃지 않기 위한 최후의 문장